갈 길은 멀지만,

나답게 삽시다!

원 영 合掌

이제서야 이해되는 반야심경

이제서야 이해되는 반야심경

단숨에 읽히고 즐겁게 깨치는
원영 스님의 반야심경

원
영
지
음

불광출판사

안녕하세요. 원영입니다.

『이제서야 이해되는 불교』가 출간되고 어느덧 1년 남짓 지났습니다. 출간하고 보니 미흡함이 많아서 제 딴에는 오타 한 글자에도 속상하고 부끄러워지곤 했습니다. 그런데 뜻밖에도 많은 불자들이 찾아오셔서 칭찬을 해주셨습니다.

　더러 불자가 아닌 분들로부터도 퍽 쉽고 편안하게 읽었다는 이야기를 들었습니다. 그러면서 다른 경전의 설명도 책으로 만들어주었으면 하더군요. 부처님께서도 "머무는 바 없이 마음을 내라(應無所住 而生其心)."고 하셨으니, 그러한 응원에 힘입어 다시 한번 마음을 내어봅니다. 설명이 아쉬웠던 경전도 다시 정리를 해봐야겠다는 생각이 들었거든요.

　『이제서야 이해되는 불교』 다음에 어떤 경전을 정리해 볼까 주

위에 물어보니 『반야심경』이나 『금강경』에 대한 해설서였으면 좋겠다는 의견이 많았습니다. 저 또한 대중적으로 가장 친숙한 것을 고르는 것이 좋겠다는 생각이 들어 선택한 것이 『반야심경』입니다.

절에서 기도하는 스님들은 적어도 하루에 세 번씩 『반야심경』을 독송합니다. 새벽예불과 저녁예불, 그리고 사시불공! 딱히 의미를 생각하지 않고도 술술 외워버리곤 하죠. 물론 가끔은 새로운 하루를 다짐하며 외울 때도 있고, "색즉시공 공즉시색(色卽是空 空卽是色)"의 의미를 찾으며 읊조릴 때도 있습니다.

　그렇게 세월이 흘러 파르라니 깎은 머리가 겨울철마다 얼었다 녹았다 반복하기를 한 열 번쯤? 아니 스무 번쯤? 그렇게 반복해서 외우다 보면 어느 날 문득 변화가 찾아옵니다. 나도 모르게 반야바라밀다주를 소리 내어 외우던 찰나, 한순간 허공 가득한 '공(空)'의 울림을 알아차릴 때가 오지요. 지식이 아닌 색다른 체험이 찾아오는 순간입니다.

　제가 너무 신비하고 거창한 듯 말했을까요? 하하하. 아닙니다. 여러분들에게도 분명 그런 순간이 찾아오리라 믿습니다. 그게 깨달음이라는 이야기는 아닙니다. 다만 예전에는 미처 이해하지 못했던 것들이 어느 날 문득 이해되는 순간이 누구에게라도 찾아올 수 있다는 이야기가 하고 싶어서입니다. 그렇게 되기를 마음속으로 소망하고, 또 그렇게 될 수 있다고 한번 믿어보십시오. 자신을 키우는 그 다짐으로 인해 당신의 삶은 훨씬 더 달라질 것입니다.

물론 반대의 경우도 있을지 모르겠습니다. 어쩌면 『반야심경』을 처음 읽었을 때는 감동이 있었는데, 두 번째 읽었을 때는 감동도 없고 도무지 모르겠다 싶을지도 모릅니다. 그래도 괜찮습니다. 자신의 의식 저 깊은 곳에선 차곡차곡 선업이 쌓여가고 있을 테니까요. 그러다 까마득한 어느 날엔가 다시 『반야심경』이 떠올라 읊조리다가 책을 찾아보고 싶어질 때가 올 겁니다. 다만 그때 여러분들이 이 책을 다시 펼쳐 들기를 희망하며, 글쓰기를 시작할까 합니다.

아시다시피 『반야심경』 가르침의 핵심은 '공'입니다. 공 사상은 대승불교 사상을 지탱하는 큰 기둥이라고 할 수 있습니다. 기원 전후에 반야부 계통의 경전들이 만들어지기 시작했고, 그 대승경전에서 특히 강조한 것이 '공' 사상입니다. '공(śunya)' 사상이란, 모든 생명을 포함한 일체 만물에 고정된 실체나 불변하는 그 무엇도 존재할 수 없다는 생각입니다. 본래 이 단어는 고대 인도에서 불교 이전부터 사용된 것입니다. 다만, 불교에서는 연기에 바탕을 두고, 만물의 상호의존적 관계를 '공'이라는 원리로 설명했습니다. 즉, 모든 현상은 서로 의존해 인연 따라 이루어지므로 실체가 없다는 뜻입니다.

　공 사상을 체계적으로 정리한 분은 나가르주나(Nāgārjuna), 바로 용수(龍樹, AD. 150~250) 보살입니다. '나가(nāga)'는 원래 인도의 코브라를 의미하는데, 한자로 번역되는 과정에서 뱀이 아닌 용(龍)으로 번역했습니다. 또 나무 밑에서 태어났다고 하여 붙여진 이름 '아르주나(arjuna)'는 나무 수(樹)라고 번역했죠. 용수 보살은 그렇게 탄생했습니다. 대승불교에선 부처님 이후에 가장 뛰어난 분이라 하여 '스님'이라는 호칭보다는 보살로서 더 추앙받는 분입니다. 그러한 용수 보살에 관해서는 용궁에 갔다가 대승경전을 열람하고 돌아와 대승불교를 펴게 되었다는 전설이 전해집니다. 아무튼, 용수 보살은 공 사상의 이론적 근거가 '연기(緣起)'라고 명확히 제시했습니다. 그렇게 연기와 공 사상의 체계화를 통해 대승불교의 위상을 높였던 것입니다.

　공 사상을 펴는 『반야심경』에서는 특히 '오온(五蘊)'을 기본으로 하여 여러 가지 방법으로 설명합니다. '오온'이 '공'한 줄만 알면 고통의 바다를 건널 수 있다고 말씀하시죠. 나아가 우리가 살아가는 동안 일으키는 모든 분별 망상 속에 다 공한 이치가 들어 있음을 알려줍니다. 생소한 단어들인지라 처음 접한 분들에게는 매우 어렵게 느껴질 수 있지만, 사고의 틀만 바꾸어보면 그리 어렵지 않습니다.

　예를 하나 들어볼까요? 지난여름, 저는 부산에 간 적이 있습니다. 그런데 태풍이 온다더군요. 넘실대는 푸른 바다를 바라보니 파도가 하얗게 일고 있었습니다. 바람이 세게 불면 파도는 더 거칠게 일었고, 바람이 잠잠해지면 파도도 얌전해졌습니다. 그런데 파도가 거칠게 일든 잔잔하게 일든, 바다는 그냥 바다라는 생각이 들더군요. 고깃배가 물고기를 가득 잡아 만선으로 돌아와도 바다라는 사실에는 변함이 없고, 염치없는 이들이 오염수를 방출한대도 바다라는 사실에는 변함이 없습니다. 바다는 사라지지 않으니까요.

잠잠한 바다도 바람이라는 조건을 만나면 파도가 거칠게 이는 것처럼, 우리 인생도 여러 조건과 인연에 휩싸이게 되면 거센 파도를 일으키기도 하고, 때로는 평온한 상태를 유지하기도 합니다. 그렇게 원인과 원인이 결합하여 만들어낸 결과는 무상한 것입니다. 조건이 바뀔 때마다 결과도 달라지게 마련이니까요. 우리들 눈에 비치는 모든 것들이 다 여기에 적용됩니다. 그래서 모든 것이 '공'하다고 하는 것입니다.

요즘 금값이 정말 금값이죠. 금을 가지고 예를 하나 더 들어보겠습니다. 알다시피 금으로는 불상도 만들고 반지도 만들고 목걸이도 만들 수 있습니다. 하지만, 제아무리 형태가 바뀌어도 금이라는 원료 자체에는 변함이 없습니다.

또 금으로 불상을 만든다고 해서 금값이 올라가고, 똥 모양을 만든다고 해서 금값이 떨어지지도 않습니다. 물론 수공비를 제외하고 말입니다. 금이라는 소재 자체의 가격에는 변함이 없죠. 이와 반대로, 아무것도 만들지 않으면, 금덩이가 처음 가졌던 형태 그대로 유지될 겁니다.

우리가 만들어내는 업(業)도 이와 같습니다. 업은 만들 수도 있고 만들지 않을 수도 있습니다. 자신을 포함한 모든 현상의 본질인 '공성(空性)'을 이해하지 못하고 받아들이지 못하면, 우리는 계속 미혹 속에서 끝없이 집착하고 어리석게 살다 후회만 남길지 모릅니다.

공에 대하여 저도 잘 아는 것은 아니지만, 제가 이해하는 선에서 최대한 쉽게 설명하고자 노력했습니다. 그럼에도 불구하고 어렵다고 느껴진다면, 저의 책 『이제서야 이해되는 불교』를 읽은 후, 이 책을 읽으면 훨씬 이해하기 쉬울 것입니다.

『반야심경』을 어떻게 읽고 해석하고 받아들일지는 각자의 몫입니다. 다만 제가 바라는 건 여러분 모두가 『반야심경』을 통해 얻을 수 있는 지혜로 남은 날을 더 알차고 지혜롭게 살아갔으면 하는 것입니다. 나아가 자비로운 마음으로 세상을 더 잘 품고, 여생을 멋지게 펼치고 마무리할 수 있기를 기원합니다.

갑진년 봄 청룡암에서
원영 합장

차례

반야심경이란

보이는 것들 마음의 눈을 뜨면

⊙

반
야
심
경

⊙

한
문

우
리
말

한
문

摩訶般若波羅蜜多心經
마 하 반 야 바 라 밀 다 심 경

觀自在菩薩 行深般若波羅蜜多時
관 자 재 보 살 행 심 반 야 바 라 밀 다 시

照見五蘊皆空 度一切苦厄
조 견 오 온 개 공 도 일 체 고 액

舍利子 色不異空 空不異色
사 리 자 색 불 이 공 공 불 이 색

色卽是空 空卽是色 受想行識 亦復如是
색 즉 시 공 공 즉 시 색 수 상 행 식 역 부 여 시

舍利子 是諸法空相 不生不滅
사 리 자 시 제 법 공 상 불 생 불 멸

不垢不淨 不增不減
불 구 부 정 부 증 불 감

是故 空中無色 無受想行識
시 고 공 중 무 색 무 수 상 행 식

無眼耳鼻舌身意 無色聲香味觸法
무 안 이 비 설 신 의 무 색 성 향 미 촉 법

無眼界 乃至 無意識界
무 안 계 내 지 무 의 식 계

無無明 亦無無明盡
무 무 명 역 무 무 명 진

乃至 無老死 亦無老死盡
내 지 무 노 사 역 무 노 사 진

16

無苦集滅道 無智亦無得
무고집멸도 무지역무득

以無所得故 菩提薩埵 依般若波羅蜜多故
이무소득고 보리살타 의반야바라밀다고

心無罣碍 無罣碍故 無有恐怖
심무가애 무가애고 무유공포

遠離顚倒夢想 究竟涅槃
원리전도몽상 구경열반

三世諸佛 依般若波羅蜜多故
삼세제불 의반야바라밀다고

得阿耨多羅三藐三菩提
득아뇩다라삼먁삼보리

故知 般若波羅蜜多 是大神呪
고지 반야바라밀다 시대신주

是大明呪 是無上呪 是無等等呪
시대명주 시무상주 시무등등주

能除一切苦 眞實不虛
능제일체고 진실불허

故說般若波羅蜜多呪 卽說呪曰
고설반야바라밀다주 즉설주왈

揭諦揭諦 婆羅揭諦 婆羅僧揭諦 菩提 娑婆訶
아제아제 바라아제 바라승아제 모지 사바하

마하반야바라밀다심경

관자재보살이 깊은 반야바라밀다를 행할 때,

오온이 공한 것을 비추어 보고 온갖 고통에서 건너느니라.

사리자여! 색이 공과 다르지 않고 공이 색과 다르지 않으며,

색이 곧 공이요 공이 곧 색이니, 수 상 행 식도 그러하니라.

사리자여! 모든 법은 공하여 나지도 멸하지도 않으며,

더럽지도 깨끗하지도 않으며, 늘지도 줄지도 않느니라.

그러므로 공 가운데는 색이 없고 수 상 행 식도 없으며,

안 이 비 설 신 의도 없고,

색 성 향 미 촉 법도 없으며,

눈의 경계도 의식의 경계까지도 없고,

무명도 무명이 다함까지도 없으며,

늙고 죽음도 늙고 죽음이 다함까지도 없고,

고 집 멸 도도 없으며, 지혜도 얻음도 없느니라.

얻을 것이 없는 까닭에 보살은 반야바라밀다를 의지하므로

마음에 걸림이 없고 걸림이 없으므로 두려움이 없어서,

뒤바뀐 헛된 생각을 멀리 떠나 완전한 열반에 들어가며,

삼세의 모든 부처님도 반야바라밀다를 의지하므로

최상의 깨달음을 얻느니라.

반야바라밀다는 가장 신비하고 밝은 주문이며

위없는 주문이며
무엇과도 견줄 수 없는 주문이니,
온갖 괴로움을 없애고 진실하여
허망하지 않음을 알지니라.
이제 반야바라밀다주를 말하리라.
아제아제 바라아제 바라승아제 모지 사바하 (3번)

반
야
심
경
이
란

행복하거나 불행하다고 느끼는 감정은
우리가 놓여 있는
절대적인 상태에 달려 있다기보다는
상황을 어떻게 인식하는지와
자신이 가진 것에 만족하는 능력에 달려 있다.

– 달라이 라마

1

마음으로 읽는 경전

摩訶般若波羅蜜多心經
마 하 반 야 바 라 밀 다 심 경

마하반야바라밀다심경

마음으로 읽는
경전

어릴 적 내가 살던 동네에는 어두운 골목길이 별로 없었던 것 같다. 고향 집도 큰길과 바로 연결되어 있었고, 너른 들이 시야에 환했다. 골목이 없진 않았을 텐데, 외진 골목은 기억나지 않는다. 그러다 나이를 먹어 도시에 나가 살아보니 웬 길이 그리도 많은지, 차 다니는 큰길부터 뒷골목의 좁은 길, 막다른 길까지 어둡고 칙칙한 길이 참 많았다.

그런데 지금은 어떤가? 휴대전화 하나만 있으면 모든 것이 연결되는 세상이다. 전 세계의 모든 정보가 이 작은 전화기 하나에 들어오고, 나가기를 반복한다. 친척 집 찾아가는 것 정도는 일도 아니다. 세상에서 일어나는 일들이 모두에게 연결되는 시간을 우리는 살아가고 있다.

하지만 이렇게 과학 문명이 발달한 세상을 살아가면서도 우리는 허전하다. 그래서 더 열심히 자신을 포장하고 알리려고 안달하는 것인지도 모른다.

여기 초월의 경지가 있다. 삶의 실체를 제대로 알려주는 경전이 있다. 그것도 54구 260자로 아주 짧다. 그렇다고 해서 이해하기 수월하다거나 금방 외워지는 것도 아니다. 그 메시지가 매우 강렬하여 평생을 들여다보아도 이해하지 못하는 이들이 태반이다. 대·소승경전의 내용을 아주 간결하고도 풍부하게 응축하고 있어서, 어느 나라 어느 승가(僧伽)에서도 예불할 때나 각종 의식에서 빼놓지 않고 독송하는 중요한 경전이다. 그것이 바로!『반야심경(般若心經)』이다.

지금부터 공부할『반야심경』은 모든 현상을 꿰뚫어 보는 '공(空)'의 시각으로 나를 이루는 요소들을 낱낱이 해체해 그 실체를 보여준다. 그리하여 내가 살아가는 이 세상이 얼마나 무상한지, 어떻게 유지되고 있는지 파헤쳐 보여주고, 이분법적 사고에 물든 우리의 습성을 일깨워준다. 이제 일상을 벗어나 더 아름다운 세상으로 여러분을 초대하고자 한다. 최대한 쉬운 설명으로 안내하겠다.

반야심경,
뜻은 알고 봐야지

『반야심경』은 『반야바라밀다심경(般若波羅蜜多心經, The Heart of the Perfection of Wisdom Sutra)』을 줄여서 부른 것이다. 『반야심경』과 특별히 인연이 깊은 현장 스님의 번역은 '마하(摩訶, mahā)'라는 단어 없이 『반야바라밀다심경(Prajñā Pāramitā Hṛdayam Sūtra)』이라고 되어 있다. 그런데 우리가 지금 신중단 앞에서 독송하고 있는 『반야심경』에는 '크다, 위대하다'는 의미를 가진 '마하'라는 단어가 붙는다. 즉 "마하반야바라밀다심경"으로 시작한다.

단어를 쪼개보면 이러하다. 먼저 '반야'는 깨달음을 얻기 위한 통찰의 지혜를 뜻하는 단어 '프라즈냐(prajñā)'에서 왔다. '바라밀다'는 '파라미타(pāramitā)', 바로 '완성하다, 건너다'라는 뜻이다. 더 쪼개서 살펴보면, '파람(pāram)'은 '피안(彼岸)의 언덕', 즉 '건너편 기슭'을 말하며, '이타(itā)'는 '가버렸다'는 의미를 지녔다.

그럼, 어디에서 어디로 건넌다는 뜻인가? 고통의 바다라고 생각하는 사바세계에서 깨달음의 세계로 건너간다는 의미다. 쉽게 말해 부단히 정진하여 수행을 완성해 고통 없는 세계로 건너가라는 뜻으로 해석하면 될 것 같다.

우리가 살아가는 이 세상은 태어나 늙고 병들고 죽는 곳이다. 잠시 머물렀다 결국 사라지는 곳이다. 이 사바세계가 이쪽 언덕, 차안(此岸)이다. 이에 반대되는 곳은 궁극적인 해탈의 세계, 즉 저쪽 언덕, 피안이다. 우리가 사는 이 현상의 세계는 인연 따라 만들어졌다가 눈 깜짝하는 사이에 사라지기에 실체가 없다. 이와 같이 세상이 실체가 없음을 아는 것을 반야 지혜라 하며, 이러한 지혜를 통해 고통 바다를 건널 수 있다는 내용을 담고 있다.

'심(心)'이라는 단어는 '흐리다야'(hṛdaya)의 번역이다. '마음, 심장, 본질, 핵심'이라는 뜻이다. '경(經)'은 부처님 말씀을 적은 패엽을 엮어 묶은 '수트라(sūtra)', 즉 경전(經典)이다. 그래서 '심경(心經)'이란 곧 핵심을 간추린 경전 '하트 수트라(Heart Sutra)'를 말한다.

이상의 내용을 정리해 보면 『반야심경』은 '지혜(깨달음)의 완성에 대한 핵심을 설한 경'이다. 직역하면 '피안의 언덕에 이르게 하는 지혜'라고 해석할 수 있다.

뜻 알아보기

마하(摩訶, mahā) : 크다, 위대하다
반야(般若, prajñā) : 지혜, 근원을 아는 지혜
바라밀다(波羅蜜多, pāramitā) : 저 언덕으로 건너가다, 완전한 성취, 도피안
심(心, hṛdaya) : 마음, 핵심
경(經, sūtra) : 경전

『반야심경』 광본과 약본

『반야심경』은 원래 두 가지 원본이 있다. 하나는 광본(廣本)이고, 하나는 약본(略本)이다. 광본과 약본의 구분은 다음과 같다.

경전을 보면, 어떠한 경전이든 "여시아문(如是我聞) 일시불(一時佛) 재사위국(在舍衛國)"으로 시작한다(서분序分). "이와 같이 내가 들었다."라는 아난 존자의 고백으로 시작된다. 그리고 마지막에는 '신수봉행(信受奉行)'이나 '환희봉행(歡喜奉行)' 같은 단어로 끝난다(유통분流通分).

경전의 처음과 끝에는 대체로 동일한 스토리가 있다. 부처님의 법문을 직접 들었다고 하는 아난 존자의 '인증'으로 시작해 부처님 가르침의 핵심 내용(정종분正宗分)을 전하고,

마지막에 그 가르침을 희유찬탄하면서 끝난다. '누가 언제 어디서 무엇을 묻고 답했는지'의 방식으로 전개된다. 이와 같이 처음과 중간의 핵심 내용과 마지막 마무리까지 다 포함된 것을 '광본'이라고 한다.

반면 앞뒤 없이 핵심만을 이야기하는 가운데 토막, 그 핵심만 있는 것이 '약본'이다. 현재 우리가 사찰에서 독송하는 『반야심경』은 대체로 이 약본이다.

흔들림 없는
반야심경의 지혜

나는 아름다운 글을 좋아한다. 아름다운 음악도 좋아하고, 멋진 그림도 좋아한다. 물론 이 모두는 나의 판단 기준에 따른 것이다. 그러니 내 눈에는 별로인 그림도, 어떤 이의 눈에는 좋아 보일 수 있다.

우리가 너무나 잘 아는 화가 파블로 피카소(Pablo Picasso, 1881~1973)! 그는 평생 새로운 양식을 찾아내는 데 심혈을 기울였다고한다. 그래서인지 그는 현실적인 그림보다는 알쏭달쏭한 그림을 통해 자신만의 화풍을 선보였다. 그는 "나는 사물을 보는 대로 그리지않고, 생각하는 대로 그린다."고 말했다.

『반야심경』을 이야기하며 피카소를 불러들인 것은 그의 삶을 대하는 태도에 '지혜'의 안목이 가득하다고 느꼈기 때문이다. 그것은 분명 일상적인 지혜가 아닌, 보편적 세상에서 벗어난 지혜였다. 물론 그의 지혜는 그가 남긴 그림 안에 가득 채워져 있다. 그의 그림을 보면 고작 눈앞의 것만 해결하는 데도 전전긍긍하는 중생의 태도와는 사뭇 다르다. 시대를 넘나들고 세상을 벗어난 듯한 느낌마저 든다. 자, 그럼 불교에서는 세상을 초월한 지혜를 어떻게 볼까?

부처님의 말씀을 종합해 보면, 삼법인(三法印), 사성제(四聖諦), 연기(緣起), 중도(中道) 등이 지혜의 가르침에 해당한다. 그런데 경전을 자세히 살펴보면 지혜의 내용이 조금씩 다른 듯 보인다.

예를 들어 대한불교조계종의 소의경전인 『금강경』(『금강반야바라밀경』)에서는 '금강(金剛)'과 같은 반야(지혜)를 이야기한다. 『반야심경』과 마찬가지로 공 사상을 다룬 경전이지만, '공(空)'이라는 글자는 한 마디도 나오지 않으면서 공을 설한다.

『금강경』에서 말하는 '반야'는 『반야심경』과 달리, 단어는 같아도 고정관념을 타파하여 '상(相)'을 없애라는 것이 핵심이다. 모든 것이 공하여 없앨 상이라고 할 것도 없으나, 상을 없애는 것이 바로 『금강경』에서 말하는 반야(지혜)다.

한편 『반야심경』에서 말하는 반야(지혜)는 '공(śunya, 空)'에 대한 이해를 직접적으로 설명한다. '공'이란 인간은 물론이고 세상 만물에 고정불변의 실체가 없다는 것을 파악하여 이르는 말이다. 『반야심경』에서는 모든 것이 공에 의해 형성된 것이라며, 눈에 보이는 모든 것들의 근원을 밝혀내 보여준다. 즉, 무엇이든 만들어낼 수 있으나, 반대로 그 어떤 것도 만들어내지 않을 수 있는 것이 '공'이다.

『반야심경』의 지혜는 일상에서 활용할 수 있는 능력을 말하는 소소한 지혜가 아니다. 만물이 공한 줄 아는 통 큰 지혜를 말한다. 즉 사람과 사물, 우주를 꿰뚫어 아는 근원적인 지혜를 의미한다. 따라서 『반야심경』에서의 '공'은 내가 발 딛고 사는 이 세상으로부터 깨달음의 세계에 이르기까지 꿰뚫어 볼 수 있는 통찰의 지혜를 상징적으로 나타내는 단어이다.

근본지와 후득지

불교에서는 지혜를 일컬을 때 두 가지를 말한다. 전문용어로 '근본지(根本智)'와 '후득지(後得智)'라 부른다. 근본지는 깨달음의 지혜로써 모든 분별이 끊어져 번뇌 망상이 일어나지 않는 것이다. 세상을 있는 그대로 바라보는 지혜이며, 그 어떤 판단이나 추측에 의해 대상을 판별하지 않는 지혜이다. 분별함이 없다 하여 이것을 '무분별지(無分別智)'라고도 부른다. 『반야심경』은 바로 이 근본지를 얻기 위한 길을 제시한다.

한편, 후득지는 근본지에 이른 후에 얻는 지혜를 말한다. 모든 분별이 끊어진 지혜의 경지를 얻은 뒤에 다시금 현상계의 모습을 있는 그대로 보아 확연히 아는 지혜이다. 모든 번뇌 망상이 끊어져 깨달음에 이른 후, 다시 온갖 차별을 명명백백 아는 지혜이다. 우리 삶 속에서 현명하게 사물을 판단하고 파악하는 지혜이다. 이것은 배워서 얻을 수도 있고, 경험이나 직감을 통해서도 얻을 수 있는 지혜까지 포함한다. 그러므로 중생을 제도하기 위해서는 이러한 후득지가 있어야만 보살행이 원만해진다.

근본지
모든 존재의 있는 그대로 진실한 모습을 밝게 아는 지혜

후득지
근본지에 의해 진리를 깨달은 뒤 얻는 세상을 이해하는 지혜
대자비의 지혜

공(空), 살아 있는
부처의 눈

공을 이해하려면 주의해야 할 것들이 있다. 우선 '공이라고 하는, 무언가 특별한 것이 존재하고 있다'라고 생각해서는 안 된다. 공은 어떤 물질이 아니다. 이치를 말하는 것이다. 공을 하나의 존재로 인식하려는 의식을 끊어내야 한다.

그렇다고 해서 '공이라고 하는 것은 아무것도 없다는 것이다'라고 생각해서도 안 된다. 이것을 없을 무(無)로 단정하면 안 된다는 말이다. 물론 『반야심경』에서는 뒤로 가면 갈수록 '無' 자가 많이 나온다. 이는 이해를 돕기 위해 선택한 단어일 뿐이다. 공의 세계는 '있다, 없다'로 나눌 수 있는 문제가 아니다. 이분법적으로 나누어 생각하는 것을 타파해야만 오히려 알 수 있는 것이 '공'이기 때문이다. 그러므로 공은 있지도 않고 없지도 않다.

공은 부처님께서 깨달음을 얻으신 내용, '연기(緣起)'에 그 연원을 두고 있다. 즉 모든 존재는 인연화합에 의해 이루어진 것이므로 '공' 하다고 말한다. 그러니 부처의 눈으로 세상을 보면 모든 것이 공하다.

여기까지만 말해도 재미없고, 어렵게 느껴질 수 있다. 벌써 책을 덮은 분이 있을지도 모르겠다. 조금만 더 가보자. 그러니까 공을 쉽게 이해하려면 우선 하나의 약속된 언어로 생각하는 것이 좋다. 연기의 성품을 '공'이라고 이름 붙인 것이라 이해하면 쉽다. 무슨 말인지 우선 예를 들어보겠다.

우리는 서로 만나 인사를 나눌 때 '안녕하세요'라고 말한다. 우리말로 '안녕하세요'라고 말하는 것이다. 그런데 일본 사람이라면 '오하요우 고자이마스(おはようございます)'라고 할 것이다. 중국 사람들은 '니하오(你好)'라고 할 테고, 독일 사람들은 '구텐탁(Guten tag)', 프랑스 사람들은 '봉주르(Bonjour)'라고 말할 것이다. 이렇게 나라별로 자기네 언어를 사용해서 인사한다. 즉, 표현은 다르지만 각각의 언어 모두는 동일하게 '안녕하세요'라는 의미를 지닌다.

이와 마찬가지로 불교에도 적절한 약속 언어들이 있다. '연기'라는 단어만 해도 그렇다. 이 세상의 모든 것은 이것이 있어서 저것이 있고, 저것이 있어서 이것이 있다는 것이다. 세상 모든 것들은 다 연결되어 있다. 세상의 모든 현상은 다 상호의존적이어서 인연 따라 모였다가 사라지는 과정일 뿐이다. 그래서 연할 연(緣), 일어날 기(起), '연기(緣起)'라고 말한다.

이것은 윗대의 불교도들이 약속한 불교 용어다. '연기'라고 하는 단어가 가진 의미처럼 대승불교에서는 연하여 일어나는 모든 법칙, 그러니까 그 속에 무상(無常)과 무아(無我)의 원리를 담고 있는 이치를 빌 공(空) 자를 써서 '공'이라는 단어를 쓰기로 약속한 것이다. 어디에서? 대승불교에서! 특히 용수(龍樹, Nāgārjuna) 보살에 의해!

'공'이라는 단어는 무아, 무상, 연기의 이치를 담은 세상의 원리를 품고 있다. 무아는 원래 부처님 당시에 지배적인 사상이었던 바라문교의 아트만 사상을 부정하는 데서 출발했다. 동물도 식물도, 생명 있는 존재들은 다 무상한 존재인데, 어떻게 절대적인 불변의 자아가 있을 수 있겠는가 하는 말이다. 그래서 부처님은 모든 생명은 누군가에 의해 창조된 것이 아님을 주장하며 '무아'라고 했다.

살아가는 것 자체가 인연에 의해 생겼다가 인연에 의해 사라진다. 누가 만들어준 것도 아니고, 저 혼자서 만들어진 것도 아니다. 그 어떤 것도 인연에 의지하지 않은 상태에서 우리 삶에 들어와 존재할 수 없는 법이다. 그래서 일체 만물은 원인과 결과로 이루어졌다고 말한다. 고정된 관계가 아니라 연속적으로 변화하며 서로가 서로에게 의존적인 관계로 엮여 있기에 고정불변의 실체가 없음을 말하는 것이다.

또한 연속적으로 변화하기에 '무상'하다고 말한다. 무상이란 모든 존재가 끊임없이 변화하여 단 한 순간도 동일한 상태에 머물지 않는 것을 의미한다. 모든 것들이 처해 있는 조건이나 결과에 따라 또 다른 결과를 만들어낸다. 늘 같은 것은 없기에 이렇듯 항상함이 없다는 의미로 무상이라고 말하는 것이다.

이상의 것을 종합해 다시 말하면 이러하다. 고정된 실체인 '나[實我]'가 없으므로 무아라고 말하는 것이며, 무아이기 때문에 언제나 변화하니 무상할 수밖에 없다. 그러므로 비었으나 비었다고 말할 수 없는 상태, 모든 것은 공하다고 말하는 것이다. 그렇기에 우리는 조건에 따라 무엇이든 만들어낼 수 있고, 무엇도 만들지 않을 수 있다.

앞에서도 말했듯 이러한 공 사상은 용수 보살에 의해 연기 사상을 바탕으로 체계화되었다. 부처님의 깨달음을 '공'이라는 단어를 사용하여 더 풍부하고 자유롭게 담아내었다. 따라서 쉬운 말로 하자면 공은 '연기'의 다름 아니며, 모든 현상이 서로 의지하여 일어났다 사라지므로 불변의 경계나 실체 따위는 없다는 뜻이다.

"우주에 변하지 않는 유일한 것은 '변한다'는 사실뿐이다(宇宙中唯一不變的是變化)."라고 한 그리스 철학자 헤라클레이토스의 말에서도 만물의 이치, '무상'을 발견할 수 있다.

반야의 종류

반야는 2종 반야(『지도론(智度論)』), 3종 반야(천태종), 5종 반야 (법상종) 등으로 분류된다.

[2종 반야]

공반야(共般若)

성문(聲聞)·연각(緣覺)·보살의 삼승(三乘)을 위하여 설한 반야

불공반야(不共般若)

일승(一乘)의 보살만을 위하여 설한 반야

[3종 반야]

문자반야(文字般若)

부처님이 말씀하신 경(經), 율(律), 론(論)을 통칭하는 것으로 진리를 설명하기 위해 만들어진 반야

중생을 제도하는 방편으로 사용하기 때문에 방편반야라고 도 한다.

관조반야(觀照般若)

문자반야를 통해 진리를 알아내고, 이 진리에 의해 수행 실천하는 것을 말하며, 무념무분별(無念無分別)의 경지

실상반야(實相般若)

관조반야를 통하여 체득되는 궁극의 반야

부처님의 말씀 가운데 감추어져 있는 진리

천태종에서는 이를 중도실상(中道實相)의 이치를 깨닫는 일체종지(一切種智)라고 함

[5종 반야] 3종 반야에 아래 2종 반야 추가

경계반야(境界般若)

수행을 통해 조금씩 터득해 가는 반야

경계에 부딪히면서 알아가는 반야

권속반야(眷屬般若)

지혜를 드러내기 위한 조건부 반야

탐심을 없애기 위해 보시바라밀을 실천하는 지혜가 곧 반야

반야의 종류

공반야	2종 반야 (『지도론』)	
불공반야		
문자반야	3종 반야 (천태종)	5종 반야 (법상종)
관조반야		
실상반야		
경계반야		
권속반야		

현장에게는
반야심경이 있었다

『반야심경』은 현장(玄奘, 602~664) 스님과 인연이 깊다. 『서유기』에 등장하는 삼장법사의 모델인 당나라 때의 현장 법사 말이다. 현장 스님은 13세에 출가하여 형인 장서 법사가 있던 낙양의 정토사에 살면서 경론을 배웠고, 622년에 구족계를 받고는 여기저기 떠돌아 다니며 만행(萬行)을 이어갔다.

그러다 겨우 안정되어 불법(佛法) 익히기에 몰두하였으나, 이해 할 수 없는 의문이 많이 일었다. 그 의문을 해결하고자 인도 유학을 결심했다. 당시는 해외여행이 금지되어 있던 터라, 뜻을 같이하는 스님들과 함께 나라에 허가를 구하는 출국 허가서를 제출했다. 그런 데 안타깝게도 각하되고 말았다. 그때 다른 스님들은 모두 포기했으나, 현장 스님은 629년 결국 국법을 어기면서까지 저 멀리 천축국으로 구법(求法)의 길을 떠났다.

구법 여행 중, 쓰촨성 공혜사라고 하는 절에 머물 때의 일이다. 그곳에서 현장 스님은 병든 한 노스님을 만났다. 노스님은 현장 스님에게 구법의 길이 얼마나 험난할지, 앞으로 닥칠 시련을 이야기해 주었다. 그러고는 어떤 주문을 외우라고 알려주며 부처님의 핵심 법문이 거기 들어 있다고 했다. 이것을 늘 기억하면서 외우면 온갖 악귀를 물리치고, 험한 길도 안전하게 다녀올 수 있을 것이라면서! 그때 알려주셨던 것이 바로 『반야심경』이다.

다시 길을 떠난 현장 스님은 노스님의 가르침대로 『반야심경』을 외웠다. 길을 가면서도 외우고, 어려움을 만날 때마다 지극한 마음으로 『반야심경』을 독송했다. 그런데 그 후 신기하게도 어려움에 처할 때마다 도움을 주는 사람들을 만났다고 한다. 양주, 소주를 통과하여 쿠차에서 톈산산맥을 넘어 북로로 가는 내내 『반야심경』을 외웠다.

지금도 험한 길인데, 그 옛날 구법의 길은 형언할 수 없을 정도로 험난했을 게 뻔하다. 이정표도 없는 사막을 생각해 보라. 여기도 모래고, 저기도 모래고…. 바람 한번 불면 지형이 달라지는 곳이 사막이다. 가다가 누군가의 해골을 만나면 그게 바로 이정표라 생각하며 길을 건넜다고 한다. 그만큼 험한 길을 간신히 건너가며 그때마다 『반야심경』을 지극한 마음으로 독송하면서, 무사히 천축국까지 갈 수 있었다.

현장 스님은 지금의 아프가니스탄을 거쳐 북인도로 들어가 중인도에 이르렀다. 당시 인도에는 마가다국이라는 큰 나라가 있었는데, 마가다국에는 '날란다(Nālandā)'라고 하는 한 마을 크기 정도의 거대한 사원이 있었다. 흔히 '날란다 대학'이라고 하는 그곳을 한자로 표현할 때는 '나란타사(那爛陀寺)'라고 한다.

천신만고 끝에 도착한 날란다 대학에서 현장 스님은 자신에게 『반야심경』을 가르쳐주었던 그 병든 노스님을 다시 만나게 되었다. '편찮으신 노스님이 언제 여기 이렇게 오셨지?' 그는 깜짝 놀랐다. 놀라워하는 현장 스님을 본 노스님이 허허 웃으며 말씀하시기를, "스님이 이곳에 무사히 도착한 것은, 삼세제불의 심요(心要) 법문을 수지 독송한 덕입니다. 내가 바로 관세음보살입니다." 이렇게 이야기하고는 홀연히 사라져 버렸다고 한다. 성스러운 분들은 늘 이렇게 홀연히 왔다가 신비롭게 사라지는가 보다.

현장 스님은 불교학의 중심이었던 날란다 대학에 5년간 머무르며 유식(唯識) 사상(우주의 궁극적 실체는 오직 마음뿐으로, 바깥의 모든 대상은 다 마음이 나타난 결과라는 불교 사상)을 배웠다. 그리고 인도 각지로 구법 여행을 계속하며 다수의 불교 경전을 구했다. 이렇게 해서 많은 경전을 구한 현장 스님은 드디어 귀국길에 오른다. 돌아갈 때는 힌두

쿠시산맥과 파미르고원을 넘었다. 당나라를 떠나 인도 유학을 마치고 돌아오기까지 무려 16년이 걸렸다. 그래도 645년 돌아오는 길은 떠날 때와 달리 대환영을 받으며 장안에 입성했다고 한다.

현장 스님이 귀국해 처음 한 것은 『반야심경』을 번역하여 널리 유포한 것이다. "수지하고 지극한 마음으로 독송하면, 독송하는 사람마다 모두 가피를 입을 것"이라며 널리 알리고자 했다. 지금도 그렇지만, 『반야심경』을 독송하고 지극한 마음으로 항상 외웠던 분들은 영험한 가피를 체험했다고 한다.

이런 경전을 우리가 공부하지 않을 이유가 없다. 못 외우시는 분들은 오늘부터 하루에 일곱 번씩 매일 읽으면 좋겠다. 그럼 자연스레 외워질 것이다. 외우고 나면 『반야심경』을 음미하면서 독송할 수 있게 된다. 나는 『반야심경』의 가르침에 불교의 모든 지혜가 들어 있다고 생각한다. 그러니, 알차게 공부해 보자.

뜻 알아보기

- **나란타사(那爛陀寺)**

  중인도 마가다국의 수도였던 왕사성 북쪽에 있던 대가람. 5세기 초
  굽타 왕조 때 제일왕(帝日王, Sakraditya)에 의하여 창건되었다.
  유식불교의 창시자로 알려진 무착(無着, Asanga)과 그의 동생이었던 세친
  (世親, Vasubandhu)이 이곳에서 공부하였다고 알려진 뒤로 세계 각국에서
  온 학승들이 모여 공부한 대학.
  현장 스님이 7세기 초 이곳을 찾았을 때는 여기가 인도불교의
  중심지였다고 함.

- **유식(唯識)**

  오직 '마음' 뿐이며, 모든 것은 마음에 의해 만들어진다는 불교 교리.
  유식이란 단어는 '오직 식뿐이다'라는 뜻이며, 이 세계에는 '식'이라는
  마음 작용밖에 없다는 의미이다.
  선도 악도 마음이 만들어내는 것이며, 악을 멸하고 선을 행하는 것도,
  지혜로운 사람이 되는 것도 다 마음의 작용이라는 주장.

- **현장(玄奘三藏, 602~664)**

  당나라 초기의 고승이자 번역승.
  10세에 형을 따라 낙양 정토사에서 불경을 공부하기 시작.
  13세에 승과 시험에 합격, 20세에 구족계를 받고 구법 여행을 발원함.
  27세에 국가의 허락 없이 몰래 목숨을 걸고 인도로 떠남.
  타클라마칸사막과 톈산산맥, 힌두쿠시산맥을 넘어 56개국을 거침.
  인도로 떠난 지 8년 만에 목적지인 날란다 대학에 도착.
  10년간 인도에 체류하며 주요 사원을 둘러보고 불경을 구함.
  17년 만에 북인도 군대의 호위를 받으며 불경을 가지고 귀국.

664년 열반할 때까지 장안의 역경원에서 제자들과 함께
총 74부(部) 1,335권의 경전을 번역하고 주석.
구법 여행 중에 직접 보거나 전해 들은 138개국에 대해 기록한
『대당서역기』(12권)를 남김.

2

그들이 행복할 수 있도록

觀自在菩薩 行深般若波羅蜜多時
관 자 재 보 살　행 심 반 야 바 라 밀 다 시

관자재보살이 깊은 반야바라밀다를 행할 때

마음은 그림을 그리는 화가와 같아서
능히 모든 세상을 다 그리네.
오온은 모두 마음으로부터 생기며,
만들지 않는 것이 없네.

마음과 같이 부처도 또한 그러하며
부처와 같이 중생도 그러하네.
응당히 알라. 부처와 마음은
그 체성이 모두 끝이 없다네.

ㅡ『화엄경』

그들이
행복할 수 있도록

살다 보면 눈에 보이지는 않지만 있다고 믿어지게 되는 것들이 있다. 업도 그렇고 인연도 그렇고, 가피도 그렇다. 고백건대 나는 내가 출가해서 이렇게 살 줄 몰랐다. 출가자의 삶도 업(業)이요, 출가 이전의 삶은 전생사(前生事)인 듯하다. 사람들과의 인연도 그렇다. 처음 본 사람도 가끔은 오랜 인연처럼 느껴질 때가 있다. 서로를 끌어당기는 힘이 있다. 더러는 애틋한 가피도 느낀다. 누군가가 나를 보호해 주는 것 같은 느낌! 사건·사고를 피하게 만드는 힘 말이다. 그래서 나는 불보살님의 가피를 믿는다.

한국불교에서 가장 많은 이들이 찾는 분이 관세음보살이다. 가장 성행한 믿음 또한 '관음신앙'이다. 그 관세음보살이 여기 나온다. 『반야심경』을 이끌어가는 '관자재보살'이 곧 관세음보살이다. 관자재보살이 사리자(舍利子)에게 심오한 깨달음의 세계를 보여주며 시작한다.

그러면 관자재보살은 누구를 말하는 것일까? 어떤 분이실까? 바로 전생에 동생과 함께 섬에 버려져 외로이 죽어가면서도 자비 원력을 세운 그 관세음보살이다. 보살의 원래 이름은 '아발로키테 슈바라(Avalokiteśvara)', 정확히는 '아발로키테슈바라 보디사트바(Avalokiteśvara bodhisattva)'다.

이름을 끊어 읽어보면 이해하기 쉽다. 우선 '아발로키테(avalokite)'라고 하는 단어는 '지켜보다'라는 의미가, '슈바라(śvara)'는 '자유자재로'라는 의미가 있다. 보디사트바(bodhisattva)는 한자어 '보살(菩薩)'의 산스크리트 표기이다. 그러니까 아발로키테슈바라 보디사트바, 관자재보살(觀自在菩薩)은 '자유자재로 지켜보는 보살'을 말한다.

현장 스님 같은 경우에는 '아발로키테슈바라 보디사트바'를 '관자재보살'이라고 번역했다. 어찌 보면 우리에게 친숙한 관세음보살(觀世音菩薩)이라고 부르는 것보다 훨씬 더 직역에 가깝다. 왜냐하면, 관세음보살은 세상의 소리, 중생의 부름을 듣고 관하여 구제해 주는 보살이라는 뜻이기 때문이다. 그리고 현장 스님 이전부터 이미 사람들은 세상에서 고통받는 중생의 소리에 귀 기울여주고, 그들을 편안하게 이끌어주시는 분으로서 관세음보살을 부르고 있었다.

뜻 알아보기

아발로키타(avalokita) : 깊이 들여다보다, 지켜보다, 관하다
이슈바라(iśvara) : 뛰어난 사람, 자유자재로 다스리는 자
보디(bodhi) : 깨달음, 진리
사트바(sattva) : 중생, 존재, 유정(有情)
보디사트바(bodhisattva) : 깨달음을 구하는 중생, 대승불교를 대표하는
이상적인 인간상

내 뒤에는
관자재보살이 있다

몇 해 전 겨울, 도스토옙스키(Fyodor Mikhailovich Dostoevskii, 1821 ~1881)의 『가난한 사람들』을 읽은 기억이 있다. 그런데 책을 읽는데, 궁색한 단어로 표현한 문장이 얼마나 많이 나오는지 헛웃음이 날 정도였다. 그래서 작가인 도스토옙스키라는 인물에 대해 검색을 좀 해 봤다. 그랬더니 역시나 기구한 사연이 많은 작가였다.

화려하게 등단한 신진 작가 시절, 도스토옙스키는 반국가 음모 사건에 가담했다는 혐의로 시베리아 유형(流刑)에 처했다. 그런 그를 더 힘들게 한 것은 땅끝의 유형지에서 만난 강간범, 살인범 등 온 갖 흉악범들이었다. 그곳에서 4년을 복역하고, 그 뒤 군대에서 5년 간 복무하고 겨우 석방되었다. 책을 읽으면서 그의 생애에 대해 생각했다. '아, 이분에게는 관세음보살님의 손길이 절실하게 필요했겠

구나!'

　가톨릭 신앙을 가진 이에게는 마리아의 손길이 필요하듯, 누구에게나 초월한 이들의 보살핌이 필요할 때가 있다. 나는 불보살님이 내 곁에 존재한다고 느낄 때가 있다. 절에 있을 땐 도량을 지키는 신중님들이 내 뒤를 봐주는 것 같은 느낌이 들기도 하고, 길을 나서면 일생의 큰 불행도 광명으로 바꾸어줄 분들이 계시는 것만 같다. 그래서 무심코 찾아오는 허무나 고독과 맞닥뜨릴 때마다 나는 두 손 모아 기도한다. 흔들림 없이 이 길을 가리라 다짐하면서. 그래서일까? 살아 있는 불보살님들 덕분에 삶의 기쁨을 누릴 때가 많다. 늘 감사하다.

　다시 『반야심경』으로 돌아가 관세음보살님을 찾아뵙자.
『반야심경』의 문장대로 읽으려면 '관세음'보다 '관자재'라는 이름에 초점을 맞추어야 한다. 부가 설명을 하면 이러하다.

　우리 절에 '단아'라는 아기가 엄마 품에 안겨서 왔다. 법당이 맘에 들었는지 잘 기어다녔다. 그러다 절에 와서 아장아장 걸음마를 떼었다. 엄마는 아기의 손을 잡아줄 수도 있었지만 잡아주지 않았다. 한 걸음 한 걸음, 걸음을 뗄 때마다 혹여 넘어지지 않을까 염려하면서 응원차 손을 내밀기는 했지만 잡아주지는 않고 지켜보기만 했다. 이게 포인트다. 스스로 해낼 수 있도록 그저 지켜봐 주는 것!

아기가 조금 더 커서 자전거를 배운다 치자. 나도 자전거를 처음 배울 때 아버지나 어머니 또는 오빠가 자전거 뒤를 잡아주었다. 처음에는 실제로 잡아 중심을 잡도록 도와주었지만, 나중에는 잡았다고 말하면서 잡지 않았다. 그 사실을 나도 나중에야 알았다. "엄마! 손 놓으면 안 돼요. 아빠! 꼭 잡고 있어야 돼요. 놓으면 안 돼요." 이렇게 외치는 나에게 부모님은 붙잡고 있다며 하얀 거짓말을 했다. 이미 손을 놓고 응원하며 바라보고 있으면서도 말이다. 아슬아슬하게 혼자서 페달을 밟고 자전거를 탈 수 있을 때까지 든든하게 지켜본 것이다. 물론 넘어지면 제일 먼저 달려와주었다.

그 마음이 바로 관세음보살의 마음이다. 중생을 향한 자비심 가득한 관세음보살은 저 중생이 혹여 넘어질까, 혹여 다치지는 않을까, 그러면서도 잡지 않고, 넘어지면 극복하여 스스로 일어설 수 있을 때까지 자비의 눈으로 지켜보는 분이다. 이렇듯 대자대비의 눈으로 보호하고, 자유자재로 우리들을 지켜보는 분, 이분이 바로 관세음보살이다. 잊지 말자. 내 뒤에는 늘 관세음보살이 머물러 계신다.

깊은 반야바라밀다를
행하리라

다른 사람을 죽임으로써 자신의 목숨을 구할 수 있다면

어떻게 할 것인가?

만약 그 사람을 죽이지 않을 경우, 자신이 죽게 된다면

어떻게 하겠는가?

자신의 목숨을 구하기 위해 다른 사람을 죽여서는 안 된다.

어떻게 자신의 피가 다른 사람의 피보다 붉다고

말할 수 있단 말인가?

어느 누구의 피도 다른 인간의 피보다 더 붉을 수는 없는 일이다.

　- 『탈무드-5000년에 걸친 유태인의 지혜와 처세 지침서』 중에서

『탈무드』의 「새로운 약」이라는 글에, 중병 걸린 친구를 살리고자 하

는 사람의 이야기가 나온다. 친구를 살리고 싶은 절실한 마음에 다른 사람에게 줄 약을 자기가 받고 싶어 했다. 그의 말을 전해 듣고는 의사가 이렇게 말했다. "만약, 이 약을 당신 친구에게 주게 되면 그 대신 다른 사람이 약을 구하지 못하게 될 것입니다. 그로 인해 약을 구하지 못한 그 사람은 죽게 될 것입니다. 그래도 당신은 내게 그 약을 부탁하겠습니까?"

아무리 간절해도 해서는 안 될 일이 있고, 이루어지지 않는 일도 있다. 요즘같이 의학이 발달해도 사람은 여전히 늙고 병들고 죽는다. 끊임없이 새로운 치료제가 만들어지는 사이 신종 바이러스도 무섭게 늘어난다. 그래서 우리는 여전히 병원을 찾는다. 그러고 보면 가족이나 먼 친족 중에 의사나 공무원 하나 없는 집이 없다. 더러 큰 병원이라도 가게 되면 '혹시 이 병원에 아는 사람 없나' 하고 휴대전화 속 연락처를 훑게 된다. 사랑하는 사람을 잃고 싶지 않은 마음이 간절해서 그렇다.

나도 그런 적이 있다. 가족이나 도반이 아팠을 때, 그리고 나 자신이 아팠을 때도 어디 구원해 줄 분이 안 계실까 하고 찾았다. 그러다 현실적으로 여의찮을 때면 나도 모르게 관세음보살을 불렀다. 관세음보살님이라면 분명 나를 지켜주실 테니까.

관자재보살이 깊은 반야바라밀다를 행할 때

觀自在菩薩 行深般若波羅蜜多時 (관자재보살 행심반야바라밀다시)

『반야심경』의 시작 부분이다.

자비로운 관자재보살께서 깊은 반야바라밀다를 행하고 있다. 그런데 관자재보살이 반야바라밀다를 행(行)한다고 해도 될 것을, '깊은 [深]'이라는 단어를 넣어 반야바라밀다를 수식한다. 사무치게 깊은 반야바라밀다의 실천 수행을 강조하기 위함이 아닐까 싶다.

집착과 고통으로 가득한 이 언덕에서 해탈의 언덕으로 건너가려면 반야 지혜가 필요한데, 보통 사람에게는 쉽지 않은 수행을 요구한다. 반면, 지혜로운 보살이라면 온갖 어려움을 다 감내하면서도 중생을 위한 일이라면 마다하지 않는다. 그러니 바라밀행의 깊이가 다르다.

지혜를 바탕으로 한 자비 실천은 말처럼 쉬운 일이 아니다. 최소한의 자비심이라 하더라도 어느 정도는 자신을 희생해야만 가능한 일이다. 생각해 보자. 제아무리 착하게 살고자 다짐해도 더러는 김빠지는 일을 겪기도 하고 보게도 된다. 사람이 착해지는 것보다 나쁜 마음을 먹는 속도가 더 빠르다. 한 사람을 착하게 만드는 데 1년이 걸렸다면, 그 사람이 나쁜 짓 하는 데는 하루도 채 안 걸린다.

그동안의 경험을 떠올려보자. 착한 사람과 나쁜 사람이 싸우면 누가 이길까? 내 경험상으로는 나쁜 사람이 이길 확률이 높다. 당장 눈에 보이는 현상만으로 판단해 보면 그렇다는 이야기다. 물론 길게 보면 전혀 이야기가 달라진다.

아무튼 관자재보살은 아주 깊은 반야바라밀다를 행하여 깨달음의 길을 걷는다. 그분의 행위에는 부단한 노력과 정성이 담겼다. 모든 일이 그렇지만, 수행에는 한 걸음 한 걸음 부단한 정진이 중요하다. 그러한 정진이 지극히 정성스럽게 쌓여야만 비로소 첫걸음을 떼기 이전의 자기 본성과 만날 수 있기 때문이다. 깊은 수행이 반야바라밀을 더 빨리 터득할 수 있게 만들기 때문이다.

한편, 반야바라밀은 저 언덕[彼岸]으로 건너갈 수 있게 만들어주는 통찰의 지혜다. 또 완전한 성취를 위한 통찰의 지혜에는 지식도 필요하다. 쉽게 말해 『반야심경』의 내용을 알아야 이해할 수 있고, 해박한 지식을 바탕으로 지혜를 터득하기가 수월한 법이다.

자신의 경험보다 더 좋은 인생 공부는 없다고들 한다. 설령 그렇다 해도 반야(지혜)는 일상의 지혜를 넘어선다. 반야는 자연스럽게 흐르는 물처럼 장애를 없애주는 지혜다. 또한 반야는 단순한 정보 습득만을 말하는 것이 아니다.

그 이유는 기본적으로 탐(貪)·진(嗔)·치(癡) 삼독(三毒)으로부터 벗어난 지혜이기 때문이다. 따라서 이러한 지혜는 통찰의 힘을 준다. 초기불교에서는 특히 괴로움과 괴로움의 원인, 괴로움의 소멸과 그 소멸에 이르는 길인 사성제(四聖諦)를 바탕으로 한 지혜를 '반야'라고 말했다. 그리고 부처님께서는 늘 그 반야(지혜)의 길로 우리들을 이끌어주셨다. 여기 괴로움을 없애는 길이 있으니, 더 이상 괴로워하지 말라고!

나 또한 다짐해 본다. "깊은 반야바라밀다를 행하리라."

3

나는 무엇으로 이루어졌는가

照見五蘊皆空 度一切苦厄
조 견 오 온 개 공　도 일 체 고 액

오온이 공한 것을 비추어 보고 온갖 고통에서 건너느니라.

장인이 도낏자루를 꾸준히 잡으면
조금씩 점점 닳아 손가락 자국이 나타난다.
그러나 장인은 그것을 깨닫지 못한다.
이와 같이 열심히 노력하여 닦고 익히면
오늘은 얼마쯤 번뇌가 없어지고
내일은 얼마쯤 번뇌가 없어진다고
스스로 알지 못하지만
마침내 번뇌가 없어질 것이다

－『잡아함경』제10권

나는 무엇으로
이루어졌는가

어느 날 아침, 눈을 떴더니 자기 몸이 벌레로 변해 있다면 어떨까?
상상도 하기 싫은 이 모습을 그려낸 소설이 있다. 바로 프란츠 카프
카(Franz Kafka, 1883~1924)의 『변신』이라는 작품이다. 이 책은 외판
원으로 성실하게 일하면서 가족의 생계를 책임지던 그레고르의 이
야기를 다루고 있다.

어느 날 아침, 간밤의 불길한 꿈에서 깨어난 그레고르는 여러 개
의 가느다란 다리가 달린 벌레 한 마리로 변한 자신을 알아차리게
된다. 그야말로 악몽 같은 현실이 시작된 것이다. 놀라운 건 벌레로
변한 자신에 대한 걱정보다, 그에게는 출근할 수 없음이 더 큰 걱정
이었고, 출근을 하지 못하면 가족의 생계에 문제가 생길 것을 더 우
려한다는 점이었다. 한편 가족들은 벌레가 된 그레고르에게 동정이

나 따뜻한 시선을 보내기보다는 공포의 대상이자 혐오스러운 존재로 받아들인다.

카프카는 이 작품을 통해 벌레가 된 그레고르가 자기 가족을 걱정하는 모습을 보여주며 묻는다. 누가 진짜 벌레이고, 누가 진짜 인간인가 하고 말이다. 인간이었을 때의 그레고르와 벌레가 된 그레고르는 외모는 다르나 분명 정체성은 동일한 존재이다. 하지만, 가족들은 그 둘을 전혀 다른 존재로 취급한다. 그렇다면 과연 존재란 무엇일까?

마음의 눈을 뜨니
진리의 문이 열리다

600부 『반야경』의 핵심이 『반야바라밀다심경』 260자에 들어 있다면, 『반야심경』의 핵심은 "조견오온개공 도일체고액(照見五蘊皆空 度一切苦厄)"이라는 문장에 들어 있다. 『반야심경』은 오로지 이 한 문장만 이해하면 더 이상의 설명은 필요 없다고 해도 과언이 아니다. 즉, 오온(五蘊)이 공한 줄을 알아야 모든 고통에서 벗어나 피안의 세계로 건너갈 수 있다는 이야기다. 이후의 설명은 이 문장의 부연설명에 지나지 않는다. 앞에서 카프카의 『변신』 이야기를 꺼낸 이유가 이것이다. 나를 이루는 요소 즉 '오온'에 관해 생각해 보기 위해서다. 그럼, 오온이 무엇인지부터 살펴보자.

'오온'은 나를 구성하는 다섯 가지 요소, 색온(色蘊) · 수온(受蘊) · 상

온(想蘊)·행온(行蘊)·식온(識蘊)을 말한다. 온(蘊)은 '무더기, 모임, 집합' 등을 의미한다. 이러한 오온은 크게 육체와 정신 작용으로 나눌 수 있다. 즉 육체에 해당하는 '색'과 정신 작용인 '수·상·행·식'으로 나누어볼 수 있다. 육체(몸)에 해당하는 것을 불교에서는 '색(色)'이라고 말한다. 쉽게 말해 물질과 형상을 통틀어 '색'으로 보면 된다. 이러한 형상(색)이 어떤 대상을 통해 일어나는 좋고 싫은 느낌을 '수'라고 한다. 느낌이 일어남으로써 떠오르는 생각이나 관념에 해당하는 것이 '상'이며, 생각이 의도나 충동을 담아 나오는 의욕 및 의지 작용을 '행', 이것을 분별하고 판단해서 인식하는 것을 '식'이라고 한다.

이러한 오온은 끊임없이 일어나고 변화하면서 흘러간다. 모든 것들이 잠시 머물다 변화하고 사라져 가는 것일 뿐인데, 그것을 모르고 연연하여 집착하는 중생들이 있기에 부처님은 오온이 모여 고통이 된다고 강조하신 것이다.

오온을 조금 더 분석해서 보면 이러하다. 우선 빛깔이나 모양을 가진 모든 물질, 또한 그 물질을 이루는 기본 요소 모두가 '색'의 범주에 들어간다. 일단 우리의 몸을 예로 들어보자. 몸은 뼈와 살로 이루어져 있다. 손을 보면 살도 있고, 뼈도 있고, 관절도 있고, 피도 있다. 이러한 것들을 색(色)이라는 단어로 표현한 게 재미있다.

오온(五蘊) 다섯 무더기			
색(色)	물질, 형상	외부 대상 및 우리의 몸	육체
수(受)	느낌	괴로운 느낌, 즐거운 느낌, 괴롭지도 즐겁지도 않은 덤덤함	
상(想)	상상, 생각	의미와 언어를 떠올리는 마음 작용	정신
행(行)	의도, 의지 작용	온갖 번뇌와 의지, 감정	
식(識)	의식, 인식 작용	마음, 우리의 눈·귀·코·혀·몸·생각 작용이 일어나 파악된 지각 내용	

왜냐하면 색을 한자로 쓰면, 빛깔 색(色) 자를 쓴다. '색깔'이라고 할 때의 빛 '색' 자를 쓰는 것이니, 우리의 몸을 빛으로 봤다는 이야기가 된다. 한편, 이 글자의 원형이 되는 갑골 문자를 보면 남자가 여자를 안고 있는 모습이다. 보통 말하기를, 몸을 탐하여 욕망이 넘치는 사람을 보고 '저 사람은 색욕이 강하다'고 이야기하는데, 그때의 '색'도 이 '색' 자를 쓴다. 이처럼 '색'이 갖는 의미가 여러 가지다.

우리의 몸에는 심장이나 폐, 위장과 같은 각종 장기가 있고 혈액이 흐른다. 이들의 성질을 말하기 위해 불교에서는 '지(地)·수(水)·화(火)·풍(風)'에 빗대어 곧잘 설명한다. '사대(四大)'라고 부르는 지·수·화·풍·은 흙, 물, 불, 바람의 성질이다.

뼈는 견고하고 단단한 성질을 가졌으니 흙[地]에 해당하고, 혈액은 흐르는 물[水]에 속하며, 따뜻한 체온은 불[火], 신체를 움직이는 활동성은 바람[風]에 해당한다. 사실 따지고 보면 이것은 꼭 신체에만 적용되는 것은 아니다. 물질계는 모두 이러한 인연을 따라 색을 만든다. 지·수·화·풍의 성질이 어떠한 인연에 의해 어느 정도로 배합되느냐에 따라 달라진다는 말이다.

사대(四大)	물질(색色)을 구성하는 네 가지 요소		
지대(地大)	땅의 성질	뼈	견고함(견堅)
수대(水大)	물의 성질	피	축축함(습濕)
화대(火大)	불의 성질	체온	따뜻함(난暖)
풍대(風大)	바람의 성질	활동	움직임(동動)

물질이 있으므로 느낌이 일어난다. 우리는 내 몸을 기준으로 끊임없이 무엇인가 느낌[受]을 갖는다. 어떠한 느낌인가. 예를 들어 자기 손을 만져보면 '부드럽다', '거칠다', '차갑다', '따뜻하다', 이런저런 여러 가지 느낌이 있다. 불교에서는 이렇게 피부에 닿는 감촉만을 느낌이라고 말하지 않는다. 손으로 만져서 파악하고 받아들이는 느낌, 눈으로 보고 받아들이는 느낌 등, 여러 감각을 통해 받아들이는 느

낌을 모두 포함한다. 자기 자신이 세상의 중심이 되어 느끼고 받아들이는 것이다.

좋아하고 싫어하는 모든 감정 또한 여기서 생긴다. 이에 따라 나와 남이 갈라지고, 주관과 객관의 사이가 벌어진다. 나는 너무 좋아하는데 상대가 나를 좋아하지 않으면 괴롭기 마련이다. 자세히 살펴보면 어떤 느낌도 다 내 입장에서 받아들인 것일 뿐이다. 따라서 어떤 대상이나 경계를 만났을 때의 느낌은 우리가 외부의 그 무엇을 해석하는 데 있어 중요한 자료가 된다. 그리고 우리는 이러한 느낌에 의해 상대에 대한 태도를 결정한다.

상(想)은 생각이다. 느낌에 대해 일어나는 생각들이다. 느낌을 통해 인식하고 재생하는 것을 말한다. 여기에서 비로소 자기가 원하는 대로 마음이 움직인다. 느낌에 따라 만들어진 상상의 세계가 펼쳐진다. 좋은 느낌은 기쁨과 행복으로 나타나고, 싫은 느낌은 괴로움과 노여움으로 나타난다. 좋아하는 사람이나 마음에 드는 물건을 보았을 때는 설레기도 하고 소유하고 싶어진다. 심지어 상대의 감정과는 무관하게 나의 상상이 하염없이 펼쳐지기도 한다. 자기만의 느낌으로 감정과 개념을 만들어낸다.

느낌이 생각을 일으키고, 감정을 자극하면 의지가 생긴다. 이것이 행(行)이다. 자신의 생각을 취사선택하여 실행에 옮기며, 마음 상태를 유지하고자 의지를 가진다. 이런저런 감정의 계산에 따라 자신의 행동을 결정하는데, 그 결정된 행동들이 업(業)을 만들게 된다. 의도를 가지고 실행에 옮겼을 때 비로소 우리의 새로운 업과 성격이 형성되는 것이다. 또한 자신이 과거에 쌓은 업의 크기나 방향대로 자신의 의지는 더 강해지게 된다.

　오온의 마지막은 인식해서 저장하는 마음 작용, 식(識)이다. 나의 감각기관과 어떤 대상을 통해 만들어진 느낌과 생각, 의지를 담은 행동이 하나로 결합하여 만들어낸 의식을 말한다. 여러 가지를 고려해 종합적으로 인식하여 판단하고 결정해 받아들이는 마음의 결합이 식온에 해당한다. 색에 의해, 또는 어떤 대상인 색에 대해 느낌이 일어나고, 그 느낌에 따라 생각이 일어나며, 생각의 바탕 위에 의지가 만들어진다. 마지막으로 이 모두를 종합적으로 인식하는 마음인 식이 생긴다. 자기 스스로 이미 결론을 내린 것이므로, 여기에서 선입견이나 고정관념이 생겼다고 봐도 되겠다. 이렇듯 오온이 결합하여 나를 이루는 것이다.

어떻게
바라볼 것인가

그대를 만나 지혜의 칼을 주노니

칼날이 녹슬지 않도록 하게나.

오온(五蘊)산 앞에서 도적을 만나거든

한 번 휘둘러 낱낱이 베어버리게.

逢君贈與鎮耶劍(봉군증여막야검)

勿使鋒芒生綠笞(물사봉망생록태)

五蘊山前如見賊(오온산전여견적)

一揮能斬箇箇來(일휘능참개개래)

- 『대동영선(大東詠選)』, 벽송 지엄(碧松智儼, 1464~1534) 스님이
  법준(法俊) 선자(禪子)에게 지어준 시

『반야심경』에서는 오온을 살펴보고 공한 것임을 발견하면 온갖 고통을 건널 수 있다고 말한다. 결국 모든 고통의 원인이 오온에 있다는 것이다. 위의 시가 말해 주듯 벽송 지엄 선사도 오온 앞에 도둑이 있다고 일러주셨다. 그럼 오온이 왜 공하다는 것일까?

앞에서 색은 몸이나 형상, 물질로 설명했다. 이해를 돕기 위해 앞서 지·수·화·풍 사대를 활용했는데, 그것을 다시 상기해 보면 좋겠다.

형상을 단단하고 더 견고하게 만드는 지대(地大), 서로 붙게 만들거나 유연하게 또는 스며들게 만드는 수대(水大), 따뜻하게 만드는 화대(火大), 활동적으로 움직이게 만드는 것이 풍대(風大)이다. 이러한 성질들이 뭉쳐 마음을 만들어낸다. 만들어진 것만 보아도 사대의 배합에 따라 상당히 달라짐을 알 수 있다. 사람도 수대가 강하면 공감을 잘하고 유연한 성격을 갖는다. 그러나 물의 기운이 지나치면 우울감이 생기기 쉽다.

손발이나 얼굴이 쉽게 잘 붓는 사람이 있다. 몸이 잘 붓는 것은 수대가 강한 현상이다. 그런데 아무리 먹어도 살이 안 찐다는 사람도 있다. 그 사람의 경우에는 다른 사람보다 체온이 높은 열 체질일 가능성이 높다. 즉 화대가 강한 사람이라 볼 수 있다. 열이 많은 만큼 화가 많아 성질이 불같은 경우가 있다. 그러나 체온이 높으면 면역력도 높아 잔병치레를 덜할 것이다.

또 뼈나 골격이 튼튼하다면 지대가 강한 사람이라 볼 수 있을 것이요, 풍대가 강한 사람은 활발한 사람이라고 판단할 수 있다. 이렇듯 몸에 대해서도 사대의 조합이 확인 가능하다. 나아가 모든 물질과 마음도 사대의 여러 가지 배합으로 확인할 수 있다.

느낌도 마찬가지다. 좋고 싫은 느낌이라든지 괴로움[苦受]이나 즐거움[樂受], 괴로움도 즐거움도 없는 감정[不苦不樂受]의 느낌도 조건에 따라 달라진다. 그래서 느낌 또한 공하다는 것이다.

느낌으로 인해 일어나는 생각들, 마음의 움직임 또한 원인에 따라 여러 가지 형태로 달라진다. 우선 느낌이 안 좋으면 마음이 불편해진다. 더러는 기분이 나쁘다거나 괴로워진다. 혹은 화가 나면서 분노가 표출되기도 한다. 그러나 이러한 느낌이나 생각은 영원한 게 아니다. 여러 가지 조건에 의해 수시로 바뀔 수 있다. 그렇기에 감정을 두고 무상하다, 공하다고 말한다.

예를 들어, 불편한 마음이나 생각이 생겼다고 하자. 대부분의 사람은 불편한 감정을 유지하기 싫어한다. 결국 불편한 마음을 중단해야겠다는 의지가 생긴다. 불편한 생각은 자신을 괴롭히기 때문에 계속 유지하기 싫은 법이다.

이처럼 보통 사람이라면 좋은 생각을 계속하고 싶고, 미운 마음은 버리고 싶어 한다. 그러나 미움을 감당하기 어려워하면서도 그만

두지 못하는 경우도 많다. 미움과 원망을 계속 확대해 가는 것이다. 그것은 다 자신이 지은 업의 관성 때문이다. 아무튼 여기에서 내가 말하고 싶은 것은 의지를 담은 마음이나 행동 또한 원인에 따라 달라진다는 점이다. 그러므로 기본적으로는 공하다고 말할 수 있다.

이러한 여러 조건, 즉 몸(색色)과 느낌(수受)과 생각(상想)과 의지(행行)가 여러 환경과 만나 경험을 통해 종합적으로 합해지면 마지막으로 의식(식識)이 형성된다. 형성된 업이 새로운 업과 만나 종합적인 판단을 내리고 관념을 만든다. 여러 가지 식별 작용이 일어나게 되는 것이다.

각종 선입견이나 편견, 차별하는 마음 등등, 존재를 이루는 오온이 왕성하게 작용하면 할수록 우리의 업은 더욱 강화되고, 계속해서 고통의 원인을 만들어내게 된다. 따라서 오온이 공함을 알면 마음을 다스리기 쉽고, 자신의 삶을 통찰할 수 있는 지혜가 생긴다. 그로 인해 모든 고뇌와 괴로운 세상을 건널 수 있게 된다는 『반야심경』의 이치를 설명하는 것이다.

뜻 알아보기

일체고액(一切苦厄)

모든 고뇌와 재액, 곧 모든 괴로움을 이렇게 표현한다.
불교에서는 '사고팔고(四苦八苦)'를 통해 설명한다.
사고(四苦)는 생로병사(生老病死), 즉 윤회에서 벗어나지 못한 채 다시
이 세상에 태어나고 늙고 병들어 죽는 네 가지 괴로움을 말한다.
그리고 여기에 네 가지 고통을 더한다.
첫째 사랑하는 사람과 헤어지는 고통인 '애별리고(愛別離苦)',
둘째 싫어하는 사람을 만나게 되는 괴로움인 '원증회고(怨憎會苦)',
셋째 원하는 것을 얻지 못하는 괴로움인 '구부득고(求不得苦)'
넷째 나를 이루는 색(色)·수(受)·상(想)·행(行)·식(識)이 만들어내는 괴로움인
'오온성고(五蘊盛苦)'다.

마음의 눈을 뜨면 보이는 것들

마음 마음 마음이여,
도대체가 속을 알 수 없는 놈.
기분이 좋으면 온 세상을
제 몸 아끼듯 포용하다가도,
한번 삐치면 바늘 하나 꽂을 자리조차
남에게 양보하지 않으니.

– 『혈맥론』

1

원리를 아는 것이 가장 중요하다

舍利子 色不異空 空不異色
사 리 자 색 불 이 공 공 불 이 색

사리자여!
색이 공과 다르지 않고 공이 색과 다르지 않으며,

원리를 아는 것이
가장 중요하다

예나 지금이나 인생을 논하거나 진리를 이야기할 때 참 다양한 견해가 있었다. 그로 인해 많은 종교가 탄생했고, 한 종교 안에서도 여러 갈래의 종파가 만들어졌다. 불교 교단도 마찬가지다. 처음엔 상좌부(上座部)와 대중부(大衆部)로 분열되었다가 나중에 더 많은 분파가 형성되었다.

지금 공부하고 있는 『반야심경』은 부처님께서 열반에 드신 이래, 분열된 교단의 영향으로 형성된 대승불교의 반야부 경전에 속하며, 특히 '공'을 강조한다. 앞에서도 말했다시피 공이란 아무것도 없다는 뜻이 아니다. 모든 현상은 인연의 조건에 의해 모였다가 흩어지는 과정을 거치므로, 그 실체가 없다고 보는 원리를 말한다. 그것을 거듭거듭 강조하면서 『반야심경』은 전개된다.

사실 『반야심경』을 어렵게 느끼는 분들은 대체로 여기서부터 막힌다. 나도 그렇고 이 글을 읽고 있는 독자들도 그럴 것으로 여겨진다. 그러나 『반야심경』은 여기서부터 정말 재밌어진다. 『반야심경』에 빠지면 도낏자루 썩는 줄도 모를 만큼 재밌다. 말 나온 김에 그럼 도낏자루가 어떻게 썩었는지 말해 볼까?

진나라 때 중국 절강성에 '왕질'이라는 나무꾼이 있었다. 하루는 나무를 하러 갔다가 조금 더 깊은 산속까지 가게 되었다. 그런데 어디서 이상한 소리가 났다. 소리가 나는 곳에 가보니 동자 둘이 바둑을 두고 있었다. 산속에서 동자들이 바둑이라니 이상하긴 했지만, 그 바둑 구경에 빠져 나무하는 것도 잊어버렸다. 한참 구경하고 있는데, 한 동자가 대추 씨 같은 걸 하나 주었다. 그걸 받아먹으니 배도 고프지 않았다. 마침내 판이 끝났다. 그제야 왕질은 집으로 가려고 도낏자루를 집었다. 그런데 이게 웬일인가. 도낏자루가 썩어서 도끼가 쑥 빠졌다. 너무 놀란 왕질은 부랴부랴 마을로 내려갔다. 가보니 세월은 이미 몇백 년이 흘러 있었고, 아는 이 하나 없었다. 바둑이 얼마나 재미있었으면 도낏자루가 썩는 줄도 몰랐을까?

그런데 그런 재미가 이제부터 『반야심경』에서 펼쳐질 예정이다. 기대하시라. 짠!

지혜로운,
사리불

먼저 관자재보살이 사리자(舍利子)를 부른다. 사리자가 누구인가?
사리자는 '사리의 아들'이라는 뜻이다. 사리불의 어머니 이름이 '루
빠사리(Rūpasārī)'였기 때문이다. 바로 지혜제일 사리불, 사리뿟따
(Sāriputta)를 가리킨다.

　사리불 존자의 어릴 적 이름은 '우빠띳사(Upatissa)'라고 했다. 같
은 해 옆 마을에서 태어난 목련(目連, 목갈라나Moggallāna) 존자와 죽마
고우가 되어 일생을 함께하였고, 입적할 때도 같은 해에 떠났다.

　『율장 대품』(『마하박가』 1편)에 의하면, 사리불 존자는 원래 250
여 명의 수행자들과 함께 회의론자인 산자야 벨랏티뿟따(Sañjaya
Belaṭṭhiputta)의 수행처에서 생활하고 있다가 불교 승가로 개종했다
고 한다. '산자야'라는 수행자는 선한 행위나 악한 행위의 과보가 있

을지 없을지에 대해 결정적인 판단을 내릴 수 없다고 하며 판단 중지를 주장한 사람이다.

그러던 어느 날, 사리불이 길을 가다 탁발하는 한 비구 스님을 보았는데, 그분이 바로 부처님의 최초 제자 5비구 중 한 분인 앗사지(Assaji, 馬勝) 존자이다. 의젓하고 고요하며 반듯한 용모를 한 앗사지 비구를 보고 첫눈에 반한 사리불은 그에게 다가가 여쭈었다.

"벗이여, 당신의 모습은 우아하고, 당신의 눈빛은 맑게 빛납니다. 벗이여, 당신은 누구에게 귀의했으며, 누구를 스승으로 모시고 있으며, 누구의 법을 따르고 있습니까?"

사리불은 앗사지 존자로부터 자신은 석가족 중에 출가한 위대한 세존에게 귀의하였으며, 세존을 스승으로 모시고 있고, 세존의 법을 따르고 있다는 말을 들었다. 사리불은 더욱 궁금해져 그 스승의 가르침을 말해 달라고 부탁했다. 그러자 앗사지 비구는 자신은 배움이 짧다며 겸손하게 '괴로움의 원인과 괴로움의 소멸에 이르는 길'에 대해 들었다고 간략히 말해 준다. 이 말을 들음으로써 이미 사리불은 번뇌의 때를 여의고 진리의 눈이 열렸다고 한다. 생겨난 것은 모두 소멸한다는 것을 깨달았다. 그 자리에서 깨달음의 첫 번째 단계인 예류과(소따빤나sotāpanna, 수다원과須陀洹果)를 성취한 사리불 존자는 다음과 같은 게송을 남겼다.

비록 이것뿐이라고 하여도 이것은 바른 법이다.

수만 겁(劫)을 헤매어도 보지 못하였던

슬픔 없는 이 법구를 그대들은 깨달았네.

－『율장 대품』(『마하박가』 1편)

이후 사리불 존자는 목련 존자가 머무는 곳으로 향한다. 목련 존자에게 앗사지 존자를 만났던 이야기와 그에게 가르침을 받은 내용을 전해 주었다. 그러자 목련 존자 역시 친구가 전해 주는 게송을 듣고 곧바로 예류과를 얻게 되었다.

목련 존자는 사리불 존자와 함께 수행하던 250여 명의 수행자들에게 사정을 알렸다. 그들에게 각자의 길을 선택하게 한 뒤 세존에게 가기로 한 것이다. 250명의 대중은 아무런 망설임도 없이 사리불과 목련을 따르기로 했다. 결국 사리불과 목련은 함께 수행한 250여 명의 수행자들과 더불어 부처님께 귀의하였다. 아끼던 사리불과 목련이 제자들을 모두 데리고 떠나자, 스승이었던 산자야는 얼마나 속이 상했는지 그 자리에서 뜨거운 피를 토했다고 한다.

이러한 과정을 통해 불교 교단에 입문한 사리불은 이후 '지혜제일'이라는 칭호를 얻을 정도로 깊은 지혜와 통찰력으로 불교 교단을 통솔해 나갔다. 무려 44년간 상수제자로 부처님을 따르다 세수 70세, 그러니까 부처님께서 열반에 들기 3개월 전에 입적했다. 사리불 존자는 부처님의 가르침을 전하는 데도 뛰어나 여건에 따라서는 부처님을 대신하여 교리를 설한 적도 많았다고 한다.

사리불 존자는 이렇게 부처님을 모시고 수행하면서도 자기를 부처님께 인도해 준 앗사지 존자의 은혜를 늘 잊지 않았다. 그리하여 입적할 때까지 앗사지 존자가 머무는 곳을 향해서는 다리를 뻗고 자지 않았다고 한다. 그 때문에 사리불 존자를 두고 한때는 방위를 믿는 이교도라는 비난이 생기기도 하였다. 그러나 나는 율장을 읽으면서 이 부분에서 감동했다. 그야말로 의리 존자 사리불이 아닌가.

아무튼 지혜제일로 통하는 사리불 존자를 『반야심경』에서 소환하는 이유는 지혜를 상징하는 『반야심경』에 최적화된 인물이기 때문이다. 반야 지혜에 가장 적합한 인물, 지혜제일 사리불 존자니까!

색을 보는 눈,
여태 못 뜨셨소

색이 공과 다르지 않고

色不異空(색불이공)

드디어 색이 공과 다르지 않다는 구절이 나왔다. 예전에 나는 이 구절을 보는 것만으로도 머리가 지끈지끈 아팠다. 어떻게든 자신의 힘으로 이해하려 애쓰다가도 '에라, 모르겠다' 포기해 버린 적이 한두 번이 아니다. 불교 공부를 시작한 여러분도 비슷한 경험이 있지 않을까 싶다. 본격적으로 『반야심경』을 공부해 본 사람이라면 누구나 한 번쯤 '색이 공과 다르지 않다니, 이게 대체 무슨 말이야?'라며 투덜댄 적이 있을 것이다.

　결론부터 말하자면, 색을 쪼개면 색이 없다는 뜻이다. 나아가 색을 조합하면 또 다른 색을 만들어낼 수도 있다. 즉 우리가 살아가는 현상계를 직시하면 형성 원리에 해당하는 진리의 근원을 파악할 수 있는데, 그 모습이 공하다는 것을 이렇게 표현한 것이다. 눈에 보이는 현상의 근원이 공과 다르지 않다는 것이다. 이는 어리석은 중생들에게 눈에 보이는 것에만 급급하여 현상에 집착하는 습관이나 견해를 끊어주기 위한 가르침이다.

바람이 통하지 않는 눅눅한 곳은 곰팡이가 피기 마련이다. 인간 사회도 마찬가지다. 모든 것들이 조건에 의해 만들어지고 이후 시간의 흐름에 따라 변화의 과정을 거친다. 곰팡이를 피우게 하는 환경과 꽃을 피우게 하는 환경은 다른 법이다. 모든 것에는 그에 따른 원인이 제각각 존재한다. 그러므로 시간이 흐르면 변화하고 파괴되어 가는 모습을 발견할 수 있다. 이러한 무상의 이치를 알려주는 것이 '색불이공'이다.

'색불이공'은 존재하는 모든 것들이 연기성, 즉 공성에 의해서 형성되고 소멸해 가는 것임을 강조하는 구절이다. 변화하지 않는 것은 없기 때문에 색이 공과 다르지 않다고 이야기하는 것이고, 그것을 설명하기 위해 오온을 끌어들인다. 오온의 활동이 왕성하면 왕성할수록 우리가 만들어내는 괴로움이 크다고 본 것이다. 그래서 '오온성고(五蘊盛苦)'라고 말한다.

오온은 색부터 시작한다. 그래서 '색불이공'부터 나온다. 색의 형성 과정이 공과 다르지 않다는 이야기를 꺼내면서 '색·수·상·행·식'의 공성에 관한 본격적인 설명에 진입한다. 그러니까 '색불이공'은 '수불이공(受不異空)', '상불이공(想不異空)', '행불이공(行不異空)', '식불이공(識不異空)'의 첫걸음인 셈이다.

예를 들어 자기 몸, 나의 모습을 살펴보자. 또는 지금 옆에 누군가가 있다면, 그를 바라보며 생각을 일으켜도 좋다. '저 사람의 형상을 이루는 모든 것들이 공한 것이로구나, 부모를 비롯한 여러 가지 인연의 요소로 이루어져 있구나'라고 이해할 수 있겠는가?

사실 외모만 보고도 알 수 있는 것들이 많다. 얼굴은 어떻게 생겼는지, 팔다리는 긴지 짧은지 살펴보면 알 수 있는 것들이 있다. 그것을 좀 더 깊이 파고들어 가면 '색'이라고 하는 드러난 모습을 통해 공을 체득할 수 있다. '색'으로 대표되는 인간의 육신은 인연에 의해, 또는 업보로 인해 생성된 연기적 산물이다. 지금 이런 모습이라고 해서 앞으로도 계속 이런 모습일 리 없고 과거 전생에도 이런 모습이었을 리 만무하다. 모습은 늘 같지 않다. 이것만 보아도 육신을 통해 '공'을 찾아낼 수 있다. 물질로 이루어진 것들은 모두 공하다. 모든 현상과 형상의 '공성(空性)'을 알려주는 것이 '색불이공'이다. 형상속에서 무상과 무아를 발견할 수도 있다면 '색불이공'은 금방 터득할 수 있는 개념이다.

그러나 우리는 색을 통해 공을 찾아내는 것을 어려워한다. 그것은 색과 공을 분리해 버리는 습관 때문인지도 모른다. 색 속에 공이 있고 공 속에 색이 있는 것이지, 공과 색이 별도로 나누어져 있지는 않다는 말이다. 모든 존재의 모습은 눈앞에 펼쳐지되 변화의 과정에서 서로 겹쳐 있는 형태를 취한다. 그래서 자꾸만 현상에 집착하게 된다.

가까운 형상을 보고도 공을 알아보지 못한다고 생각하니 갑자기 심봉사가 된 느낌이다. 〈심청가〉를 보면 왕비가 된 심청이가 아직도 눈 못 뜬 아버지를 보고 처량하게 외친다.

"아이고 아버지, 여태 눈을 못 뜨셨소. 봉은사 화주승이 공들인다 하더니만 영험이 덜혀선가. 아이고 아버지, 인당수 풍랑 중에 빠져 죽은 심청이 살아서 여기 왔소."

이 말을 듣고 심봉사가 놀라 말한다.

"아니 누가 날더러 아버지라고 혀. 나는 자식도 없고, 아무것도 없는 사람이오. 내 딸 심청이는 인당수에 빠져 죽었는데 어디라고 살아오다니 이게 웬 말이냐. 이것이 꿈이냐 생시냐. 꿈이거든 깨지 말고, 생시거든 다시 보자."

심봉사는 심청이의 목소리를 듣고 너무 놀란다. 그리곤 딸을 보고 싶은 마음이 간절하여 눈을 끔뻑끔뻑하다가 드디어 눈을 뜨게 된다. 마치 깨달음을 얻은 것처럼 번쩍! 이처럼 간절한 마음을 가지면 색 속에서 공을 발견하고, 공 속에서 색을 발견할 수 있으리라 기대해 본다.

오온으로 이루어져 있으면서도 오온을 몰라보는 나 자신부터 낱낱이 돌아보자. 그러다 보면 색이 이루어진 원리를 이해하는 것이 꽤 쉽게 다가올 것이다.

공 아닌

현상은 없다

공이 색과 다르지 않으며

空不異色(공불이색)

한 걸음 더 들어가 보자. 여러분은 만물의 본질을 알고 싶은가? 『반야심경』에서 말하기를 모든 형상의 근원은 '공'이라고 한다. 만약 여러분이 자신의 본질을 알고 싶다면 자기 몸과 마음을 채우고 있는 것이 무엇인지부터 살펴볼 필요가 있다. 내게 기쁨을 주는 것은 무엇인지, 슬픔을 주는 것은 무엇인지 말이다. 그럼, 금세 나라고 하는 존재는 홀로 만들어진 것이 아니라는 사실까지 이해할 수 있을 것이다.

『중론』 제4권에 이런 구절이 나온다.

모든 인연으로 일어나는 것을
나는 '공'이라 하나니,
이것은 또한 임시로 붙인 이름이며
'중도'라는 뜻이다.

일찍이 단 하나도
인연을 좇아 일어나지 않은 것이 없다.
그러므로 모든 현상은
공 아닌 것이 없다.

나라고 하는 존재는 지난 여러 생을 건너오며 맺은 인연들이 결합하여 만들어낸 것이다. 아버지와 맺은 인연, 어머니와 맺은 인연, 그리고 아버지와 어머니가 맺은 인연이 여러 조건과 결합하여 지금의 내형상을 만들었다. 부모님의 유전자를 물려받게 되는 것 또한 인연의 소산이라는 것이다. 그러므로 여기에는 '나'라고 할 만한 고정된 실체가 없다. 불교의 가르침에 따르면, 우리는 '무상'과 '무아'의 개념으로 이를 이해할 수 있다. 다만 용수 보살의 경우에는 '공'과 '중도'라는 단어를 썼던 것뿐이다.

예를 하나 더 들어보겠다. 지금 내 눈앞에 귤이 있다. 이 귤은 며

칠 전 제주도에서 다녀가신 어느 보살님이 보내준 것이다. 누군가 내게 이 귤이 어디에서 왔는지 물으면, 나는 "제주도에서 보내주신 귤입니다."라고 대답할 것이다. 그런데 조금 더 구체적으로 찾아보면, 이 귤은 제주도의 어느 농원에서 수확한 것이라고 말할 수 있다.

자, 조금만 더 깊이 따져보자. 구체적으로 찾다 보면 아마도 어느 농원의 어느 나무인지까지 찾을 수 있을지도 모른다. 그러던 어느 날 제주도에 놀러 갔다가 농원에 가서 그 나무를 찾아봤다고 치자. 그랬더니 귤이 하나도 매달려 있지 않았다. 왜냐하면 이미 수확해 유통했기 때문이다. 그렇다고 실망할까? 아니다. 귤이 잘 자라 때가 되어 땄을 뿐이라고 이해할 수 있다.

그런데도 나는 이 귤이 어디서 나는지 궁금했다고 치자. 내가 먹은 귤을 찾겠다고 톱을 가지고 와서 나뭇가지를 잘라본다면 어떨까? 분명 어리석은 사람이라고 모두에게 비웃음을 살 것이다. 나무를 잘라본들 귤은 나오지 않는다. 나무를 계속 쪼개보아도 귤이 있을 리 만무하다. 귤은 분명 존재한다. 수확 철이 되면 주렁주렁 매달리는 과수지만, 지금은 귤이 없다. 그러나 귤나무는 분명 귤을 품고 있다. 지금은 없으나 없다고 할 수 없다. 이것을 가리켜 '공'하다고 말하는 것이다.

우리는 이 귤나무 속에서 '공'의 원리를 발견할 수 있어야 한다. 햇볕과 땅과 기후조건이 맞아떨어져 다시 주렁주렁 매달릴 귤을 상상해 보라. 귤이라고 하는 색(色, 형상)의 형성 과정을 살펴보니, 무상하면서도 연기적 물질임을 우리는 알 수 있다. 여기에는 귤이라고 할 만한 것이 없다. 그래서 이것을 '색불이공' 즉 색은 공과 다르지 않다고 말하는 것이다.

'공'이라는 것은, 우선 현상적으로는 눈에 보이는 것이 있기는 하나, 이것의 생성 과정과 소멸 과정을 통찰해 보면 실재하지 않는다는 것을 가르쳐준다. 어떤 것이든 인연의 조건 결합에 의해 만들어진 것은 실재한다고 볼 수 없기 때문이다. 그저 일시적으로 형성된 것일 뿐이며, 시간의 흐름에 따라 변화의 과정을 거친다. 모든 '색(물질로 이루어진 것)'은 다 무상한 것이다. 변함없이 고정된 실체로 파악할 수 없다고 보기 때문에, 이를 '공'하다고 말한다.

결국 '색이 공과 다르지 않다'고 하는 것에는 '색이다, 공이다'라는 구분이 개입할 여지가 없다. 용수 보살이 이것을 '중도(中道)'라고 표현한 이유이기도 하다. 조건이 맞아서 만들어진 귤을 보고 '있다'고 할 수도 없고, 그렇다고 눈앞에 있으니 '없다'고 할 수도 없다. '있다'는 생각도, '없다'는 생각도 다 자기가 일으킨 분별에 지나지 않는다. 눈에 보이는 것이니 '있다'고 하고, 눈에 보이지 않으니 '없다'고 말하는 것은 그저 평범한 삶을 살아가는 중생의 안목에 불과할 뿐이다.

윗대 스님들께서는 이것을 두고 '분별망상(分別妄想)'이라고 자주 말씀하셨다. 있다거나 없다는 생각은 형상을 본 자가 만들어낸 분별이요, 망상이라는 말씀이다. 근원을 살펴보면 만물은 '공'하다. 형상이 이루어지고 사라지는 전 과정을 통해 무상과 무아의 이치를 꿰뚫어 보니, '색불이공'이더라는 말이다.

손길 닿는 것마다
공

앞서 설명한 '색불이공'은 현상이나 물질이 공하다는 것을 알려주는 단어였다. 즉 우리가 태어나 죽을 때까지 보고 듣고 만진 모든 것이 결국은 인연에 의해 형성되었다가 소멸해 가거나 소멸 상태에 이르렀음을 의미한다. 불교에서는 인간 존재를 그저 업보에 의해 펼쳐진 연기적 산물로 본다. 그리하여 고정된 실체가 없음을 가르쳐준다. 전문 용어로 '무아(無我)' 또는 '무자성(無自性, 자성이 없다)'이라고 한다.

나라고 하는 존재의 근원을 파헤쳐 공성을 찾아내는 것이 '색불이공'이라면, 자성이 없음을 통해 만들어낼 수 있는 것이 현상계라는 내용을 담은 구절이 '공불이색'이다. 그 어떤 세상의 모습도 공하지 않은 것이 없음을 알게 한 후에, 공성을 통해 이루어지는 모든 것들을 재발견할 수 있게 해주는 기막힌 이치를 펼친다. 『반야심경』은 정말 매력덩어리다.

자! 이처럼 색이 공과 다르지 않고, 공이 색과 다르지 않다는 것을 이해하려면 어떻게 해야 할까?

당연히 세상을 있는 그대로 볼 줄 알아야 한다. 있는 그대로 바라보면 모든 것이 무상하다는 사실을 알 수 있으니까. 모든 것이 실체가 없으며 연기한 것임도 알 수 있으니까! 그렇게 서로 연결되어 있음을 알고 나면, 나 홀로 살아갈 수 없다는 것을 누가 가르쳐주지 않아도 저절로 터득할 수 있다. 이로써 그 어떤 것에도 실체가 없음을 알기에 분별할 것도 없고, 치우칠 것도 없다. 따라서 세상의 모든 이분법적 사고방식이 의미가 없고, 허망한 것임을 알게 하는 것이 바로 '공불이색'이 품은 뜻이다.

앞에서도 말했지만, 옆에 있는 사람을 보고 '이 사람은 형성된 모든 조건이 공한 것으로 이루어져 있구나, 연기적 요소로 이루어져 있구나', 이렇게 볼 줄 안다면 연기성을 이해한 것이기에 이미 어느 정도 '공' 사상을 이해했다고 볼 수 있다. 그런데 사실 이렇게 이해하는 건 생각보다 쉽다.

음식을 하나 예로 들어보자.

오늘 아침 식사할 때, 밥과 국과 반찬을 먹었다. 또는 빵과 커피로 간단히 먹었다고 치자. 그랬을 때, 그 식사를 차리기 위해 빵을 꺼내 굽고, 빵 사이에 샐러드를 넣어 샌드위치를 만들어 먹었다고 한다면? 그것을 만들어 먹는 것은 자신이지만, 이 샌드위치의 기본 식재료가 없다면 만들 수 있을까? 당연히 만들 수 없다. 그렇다면 그 식재료는 어디에서 왔을까?

빵은 밀가루로 만든다. 유추해 보면 먼저 밀을 경작하는 농부의 존재를 인식할 수 있다. 그뿐만 아니라 그것이 수확되어 유통 과정을 거쳐 나에게 오기까지, 아주 다양한 사람들의 손을 거쳤을 것이다. 그리고 이 사실을 모르는 이는 없다. 그러니까 이 빵은 나 혼자 만들어서 먹는 것이 아니다. 많은 사람의 피와 땀의 결실이 내 식탁에 빵으로 올라오게 된 것이다.

우리가 즐겨 마시는 향긋한 커피도 마찬가지다. 아프리카에서 커피를 수확하면 거기에서 원두를 사 온다. 그럼, 그것을 구매하여 로스팅하는 사람이 있다. 그 원두를 내다 팔 때 포장하는 사람이 있고, 운반하는 사람도 있고, 그것을 구매하여 갈아서 커피를 내려주는 이도 있다. 그 모든 과정에 수많은 사람의 손이 필요하다는 사실을 우리는 익히 알고 있다. 이것이 의미하는 바는, 단지 하나의 '색(물질)'으로 보이는 무언가가 우리 앞에 존재하기까지 얼마나 많은 이들이 협력하고 결합하여 형성한 것인지 보라는 이야기다. '색불이

공'의 원리요, '색즉시공'의 원리다.

물질(색)을 보고 공한 줄 안다는 것은, 그것이 존재하기까지의 과정이 공성으로서 이루어져 있음을 알라는 것이다. 그러니까 현상계 입장에서 보면 모든 현상의 근원이 '공'이라는 의미다. 한편 그 뒤에 나오는 구절 '공불이색'은 연기성을 보고, 그것을 토대로 이루어진 '색'을 이해할 수 있도록 알려준다. 연기적 결합이 만들어낸 것이 바로 내 눈앞에 존재한다는 것을 이해하라는 말이다. '공' 속에는 그 무엇도 있을 수 없지만, 그 어떤 것도 만들어낼 수 있다는 뜻이다.

이 세상은 모두 공성으로 이루어진 것이다. 그러한 공성을 이해하면 공의 법칙이 바로 색을 만든다는 사실을 받아들일 수 있다. 이렇게까지 가는 과정, 그것은 어쩌면 조금 더 높은 수준의 이해력을 필요로 할 수도 있겠다. 수많은 것들이 결합하여 만들어내는 것이 결국에는 '색'이다. 그래서 공은 색과 다르지 않다. '무'의 상태에서 무엇이든 창조해 낼 수 있기에 '공불이색'이라고 말한다.

이와 같이 '공불이색'은 색을 통해 공성을 이해한 후에 바라볼 수 있는 개념이다. 색이 공이 되는 이치를 알아야 비로소 공이 색이 되는 이치까지 터득할 수 있다. 다시 짚어보면, 앞에서는 '색'이 주어였다. 색을 통해 공을 찾아내는 것이라면, 뒤의 '공불이색'은 공성을 통해, 즉 연기성을 통해 '색'을 찾아내는 것이다.

모든 존재나 물질은 공성으로 이루어져 색을 만들어내기 때문에, 공은 색과 다르지 않다고 이야기한다. 모든 물질과 존재는 연기의 법칙에 의해 형성되므로, 연기성이 곧 물질계를 이룬다고 말할수 있다. 그러니 모든 것을 있는 그대로 통찰하여 바르게 바라보면 공성을 찾아낼 수 있고, 공성을 이해하면 그것이 만들어내는 색의 근원도 파악할 수 있다.

2

존재하는 모든 것에는
다 이유가 있다

色卽是空 空卽是色 受想行識 亦復如是
색 즉 시 공 공 즉 시 색 수 상 행 식 역 부 여 시

색이 곧 공이요 공이 곧 색이니,
수 상 행 식 도 그러하니라.

위대한 성인께서는
갖가지 견해에서 벗어나게 하시려고
공의 진리를 말씀하셨다.
그러나 만일 공이 있다는 견해를 다시 갖는다면
어떤 부처님도 (그런 자는) 교화하지 못하신다.

공성(空性)이란 일체의 견해에서 벗어나는 것이라고
여러 승자(勝者)에 의해 교시되었다.
그러나 공성의 견해를 가진 사람들은
구제불능이라고 말씀하셨다.

－『중론』제13「관행품」

존재하는 모든 것에는
다 이유가 있다

『반야심경』의 핵심은 '오온이 공함을 아는 것'이라고 해도 과언이 아니다. 오온은 나를 이루는 다섯 가지 요소의 모음이다. 관세음보살은 오온이 공함을 알면 고통 바다를 건널 수 있다며, 깨달음으로 향하는 방향을 제시하였다. 그래서 『반야심경』에서는 오온에 대한 설명이 상당 부분을 차지한다.

'색불이공 공불이색, 색즉시공 공즉시색'이라고 하는 이 유명한 사구 또한 오온의 대표적 설명에 해당한다. 『반야심경』의 정수를 이네 구절이라고 생각하는 분들도 많다. 그만큼 유명하기도 하고, 『반야심경』을 대표한다고도 할 수 있다. 그뿐만 아니라 불교를 대표하는 기본 명제라고도 말할 수 있겠다. 그러나 그게 다가 아니다. 색이 공함을 아는 것은 시작에 불과하다. 정말 중요한 것은 색을 포함한 오온이 공함을 아는 것이다.

오온이 무엇인가? 나를 이루는 요소이다. 그럼 나는 누구일까? 나는 어떤 존재일까?

오온으로 이루어진 자기 자신이 어떤 사람인지 여러분은 스스로에 대해 잘 이해하고 있는지 모르겠다. 사실 자신이 어떤 사람인지 들여다보는 일은 꽤 어렵다. 여기에는 반드시 지혜가 필요하다. 나름의 지혜를 토대로 자기의 눈높이에 맞추어 자신을 바라보라. 보편적 안목으로 자신을 살펴보면 장단점도 파악할 수 있고, 알면 알수록 스스로 겸손해질 수도 있다. 반대로 자신을 과대평가하면 허영에 빠지기 쉽다. 또 스스로를 지나치게 과소평가하면 의기소침해질 가능성이 높아진다.

그럼 나 자신을 아는 것이 왜 중요할까? 세속적 이유를 찾는다면, 자신이 살아가면서 계속 유지해야 할 것과 버려야 할 것이 무엇인지 구분할 수 있기 때문이다. 그것을 불교적 입장에서 말하자면 공한 이치를 깨닫기 위함이다.

삼성(三性)

삼성이란 일체제법(一切諸法)의 성질을 세 가지로 분류한 것을 말한다.

변계소집성
- 온갖 분별로써 마음속으로 지어낸 허구적인 대상
- 본래 없는 것을 범부의 망상으로 갖가지 추측, 억측을 통하여 집착하게 하는 것
- 잘못 판단되는 일체의 사물 현상

의타기성
- 온갖 분별을 잇달아 일으키는 인식 작용

- 만물이 인연에 의하여 생겨났다는 뜻으로, 사물은 언제나 원인과 결과에 의하여 생성소멸을 거듭한다는 의미
- 존재를 존재하게 한 근원이 소멸할 때, 만물은 공의 본질로 되돌아가게 됨
- 인연이기 때문에 무자성임을 나타내는 유식의 철학관

원성실성
- 분별과 망상이 소멸한 상태에서 드러나는 모습
- 있는 그대로의 철저한 모습을 의미
- 현상의 본체. 즉, 원만하게 모든 것을 성취하는 진실한 진여의 경지를 나타냄

『반야심경』에서 말하는 공(空)을 이상의 삼성(변계소집성, 의타기성, 원성실성)으로 설명이 가능하다.

첫째, 만물(색)은 중생의 착각으로 나타난다. 그러나 본질은 공하다.

둘째, 만물(색)은 인연에 의해 생겨난다. 그러나 본질은 공하다.

셋째, 분별 망상이 없는 상태에서 보면 만물(색)의 본질은 공하다.

색즉시공
공즉시색

오온의 첫 번째에 해당하는 '색'은 물질계를 통칭하는 불교 용어다. 쉬운 예를 들면, 색은 물질적 존재를 대표하는 우리의 '몸'을 의미한다. 몸의 의미를 생물이나 존재, 물질 등으로 확대해서 보는 것이다. 그리고 그 색을 통해 공성을 보는 것이 곧 마음을 보는 것이다.

그런데 중생들은 색의 형상만 보고 근원적인 것들은 들여다보지 않는다. 업으로 만들어진 육신의 눈으로 형상만 볼 뿐, 그것을 바라보는 자신은 보려 하지 않는다. 눈앞에 있는 형상이나 경계를 있는 그대로 받아들여 마음에 두지 않고, 자신의 업이 만든 생각을 먼저 내 눈앞에 펼쳐놓고 판단하고 분별한다. 그리하여 자신의 입맛대로 '좋다, 나쁘다'를 판단하는 것이다.

예를 들어, 색이 사람이라면, 그 대상인 사람의 어떤 행동에 대해 자신의 욕구만큼 판단한다. 중생은 생각을 먼저 일으킨 다음 대상을 자세히 보기 때문이다. 그만큼 자신의 업력이 만들어내는 생각이 강력한 영향력을 발휘한다고 볼 수 있다.

언젠가 배우 전무송 선생님이 가족, 그리고 지인들과 함께 우리 절을 방문하여 법회에 참석한 적이 있었다. 연세가 꽤 드셨는데도 전무송 선생님은 여전히 잘생기고 멋진 분이다. 때마침 절에 오신 보살님들은 전무송 선생님을 보고 아주 좋아하셨다. 부처님에 대한 예경이나 나의 법문보다도 전무송 선생님께 더 관심이 있는 듯 보였다.

자, 그렇다면 전무송 선생님께는 죄송하지만, 선생님보다 더 젊고 핫한 배우가 왔다면 어땠을까? 만약 이병헌이나 송중기 같은 배우가 왔다면 어땠을까? BTS의 뷔가 왔다면 또 어땠을까? 말할 것도 없이 난리가 났을 것이다. 심장이 마구 뛰어다녀서 어디 있는지 찾기도 힘들 거다. 이것이 색을 탐하는 중생의 마음이다. 그리고 그 마음은 자연스레 자신의 업이 된다. 자기가 일으킨 마음, 자기가 저장한다는 말이다. 나의 몸이 아니었던 음식도 내가 먹으면 내 몸이 되는 것과 마찬가지다.

몸과 마음이라고 하는 것은 모두가 인연의 소산물이다. 전무송 선생님을 만난 것도 인연이요, 그분을 만나 일으킨 마음 또한 인연이다. 우리는 인연에 의해서만 존재한다. 배우들이 아무리 잘생기고 멋져도 아기 때부터 그랬던 것도 아니요, 죽을 때까지 그렇게 멋진 모습일 수도 없다. 지금 연기된 존재로서 우리가 대하고 인식하는 것뿐이다. 절대로 '멋짐 뿜뿜' 발산하는 고정불변의 존재들은 아니라는 말이다. 그래서 색은 곧 공하다고 말한다.

한편 '공'은 존재 본질의 모습을 나타낸다. 곧 실체가 없음을 말하는 연기의 이치를 담은 단어라고 누우이 말했다. 물질적 존재인 우리의 몸은 인연의 결합에 의해 형성된 것이므로 실체가 없으니 당연히 공하다. 이러한 몸에 대한 관찰을 통해 공함을 알게 하는 것이 '색즉시공'의 목적이다.

중생은 생각을 일으켜 색(대상)을 보지만, 공의 이치를 터득한 사람은 생각을 일으키기 이전의 눈으로 색(대상)을 본다. 중생의 입장에서는 나타난 현상을 자기 입장에서만 보는 것이다.

'모든 현상이 공하다'는 것은 현상이 존재하지 않는다는 것을 말하는 게 아니다. 모든 존재는 자기 홀로 존재하는 것이 아니라는 뜻이다. 어떤 존재라도 독자적으로 존재하는 것이 아니라, 서로가 서로에게 영향을 주고받는 상태에서 존재함을 말한다.

'색즉시공'에 앞서 우리는 '색불이공' 즉 색이 공과 다르지 않다고 공부했다. 그런데 『반야심경』은 여기서 그치지 않고 이 단어를 한 번 더 강조한다. 색이 곧 공이라고 말이다. 색을 통해서 그 안에 일어나는 모든 이치를 파악해 보니 그것이 공과 다르지 않다고 말했다면, 지금은 색 속에서 공한 이치를 바로 알게 하는 확정적인 어휘를 선보인다.

앞의 '불이(不異)'라는 단어가 여기서는 '즉(卽)'이라는 단어로 바뀌었을 뿐이다. 눈에 보이는 현상의 세계에서 생멸하고 변화하는 모든 물질적 현상의 근원을 찾아보니, 아무런 실체가 없음을 밝히는 것이다. 여기까지 이해가 되셨으려나? 다시 말해 이는 모든 색을 들여다 보니 '공'을 찾아낼 수 있다는 이야기다. 현상세계의 생멸하는 물질적 현상의 실상을 파악해 보니 그 어떤 고정된 실체도 없음을 알게 함이다.

그리고 이어서 공즉시색!
공한 이치를 보았을 때, 그 공성을 통해 이 세상의 모든 것이 연기로 이루어졌구나, 라고 확실시하는 것이 바로 '공즉시색'이다. 즉, 진리의 세계를 통해 보는 관점에서는 실체가 없다. 또 실체가 없다고 말하는 이치 속에는 이미 물질적 현상이 담겨 있다는 것을 의미한다. 색이 공과 다르지 않지만, 공 역시 색에서 벗어난 것이 아니며, 색이 곧 그대로 공이고, 공 또한 색을 벗어나 있지 않다.

또한 색이 곧 공이요, 공이 곧 색이라는 말은 우리가 사는 세상이 그대로 열반의 세계요, 열반의 세계가 그대로 사바세계라는 말이 된다. 내가 곧 부처요, 부처가 곧 중생이라는 말과 다르지 않다. 이는 사물이나 현상을 대할 때 편견 없이 열린 마음으로 인식하는 것을 말한다.

즉, 그 어떤 것에도 고정관념을 가지지 않음을 의미한다. '중생이다' '부처다' 이리 나누는 것뿐만 아니라, 자신이 처해 있는 환경, 조건, 상황, 경험 등으로부터 벗어나서 보라는 것이다. '공이라는 것이 무엇이더라' 하는 인식에서 벗어나야만 공을 진정 이해할 수 있게 되는 묘한 이치다.

다시 이것을 '즉(卽)'의 논리로 보면 '색즉시공 공즉시색'이 서로 보완하고 있음을 알 수 있다. 물질적 현상은 끊임없이 변화하므로 실체가 없으니 '색즉시공'이 되고, 진실한 모습은 실체에 기대지 않으므로, '공즉시색'이 되는 것이다. 같고도 다른 관점의 해석이다. 눈에 보이는 '색'이 영원히 존재하는 실체라고 생각하는 것은 우리의 착각이다. 이것은 오직 중생의 헛된 분별 망상일 뿐이니, 헛된 생각에서 벗어나 집착을 버려야만 고통 바다를 건널 수 있음을 알려준다.

그럼 다시 정리해 보자.

공과 색이 둘이 아니라고 했다. 앞서 '공불이색'을 공부했더니 또 다시 더 강한 어조로 '공즉시색'이라고 이야기한다. "색이 곧 공이요, 공이 곧 색이다." 몸을 관찰하여 공한 이치를 찾고, 다시 인연 따라 이루어진 공한 성품을 통해 몸을 찾아낼 수 있어야 한다는 말이다. 모든 것은 연기의 산물이다. 색 자체를 무상하고 무아인 연기의 성품으로 봤을 때, 비로소 공성을 체득할 수 있다. 그래야 어느 날 문득 '아, 그렇지!'라고 이해할 수 있다. 그렇게 공한 줄 알면, 이 세상 모든 것을 있는 그대로 바라볼 줄 알게 된다.

이러한 공의 해석은 두 가지 관점으로 볼 수 있다. 첫째는 연기의 가르침을 바탕으로 보면, 인연에 의해 만들어진 모든 것은 가변적이고 임시적이기 때문에, 공하다는 관점이다. 둘째는 중도의 가르침을 바탕으로 보면, 모든 것은 분별에 의해 만들어진 것이므로 한쪽으로 치우쳐 있기에, 공하다는 관점이다. 『반야심경』에서는 이러한 내용을 토대로 오온이 공함을 계속해서 설명한다.

불교를 공부하면서 '공'을 체득하지 못하면 업이 쌓이는 것을 멈출 수가 없다. 공이 색이 되는 것을 알아야 비로소 마음이 '비었다, 고요하다, 깨끗하다'고 말할 수 있다. 공이 색이 되는 순간에는 그 어떤 것도 개입하지 않는다. 그저 무심하다. 마음 바탕은 본래 텅 비고 고요하여 맑은 자리이다. 그 텅 빈 바탕 위에 다만 중생들의 필요에 의해 신도 만들고 부처도 만든다. 어딘가에 구속됨 없이 마음이 일

어나는 것을 따라 여러 가지 색을 만들어내는 것이다. 대자유인의
인식 태도는 그러하다. 이것이 '공즉시색'이다.

여우가 어린 왕자에게 들려준
관계의 공성

이 세상의 모든 물질과 존재, 현상을 만들어내는 것을 가리켜 '연기성'이라고 한다.

"이것이 있으면 저것도 있고, 이것이 없으면 저것도 없다."

"저것이 생기면 이것도 생기고, 저것이 없어지면 이것도 없어진다."

그것을 『반야심경』에서는 '공'과 '공성'이라고 했다. 어떠한 색이든, 어떠한 물질이든, 어떠한 존재든, 그것을 따져보면 모두가 공으로 귀결된다. 일체 모든 것의 근원을 꿰뚫어 보면 공하더라는 말이다. 육신의 눈으로 보면 다 보이지만, 진리의 눈으로 보면 있다고도할 수 없고, 없다고도 할 수 없다. '색즉시공 공즉시색' 뒤에 나오는구절 '수상행식 역부여시(受想行識 亦復如是)' 또한 마찬가지다. 모든

'느낌과 생각과 의지와 인식'이 다 이 공성에 의해 만들어진다.

'수·상·행·식'이라고 하는 것은 마음이 움직이는 순서를 이야기한다. 육신과 정신으로 구분했을 때, 마음이 움직이는 순서를 '수·상·행·식'으로 표현한 것이다. 좋고 싫은 느낌 '수', 대상을 통해 일어난 느낌이 일으키는 생각 '상', 거기에서 발생한 의지나 행위 '행'이라고 한다. 그리고 이 모두를 파악하는 인식 작용과 나타난 마음이 '식'이다. 색을 포함해 이러한 다섯 가지의 작용이 활발히 일어남으로써 우리의 업은 더 잘 쌓인다.

우리가 인식 대상(색)으로서 어떤 사물, 아니면 누군가를 봤다고 치자. 그때 그 사람을 통해 느껴지는 느낌(수)이 있다. 눈으로 귀로 코로 혀로 입으로 마음으로 느껴지는 것들이다. 몸으로 받아들이는 느낌은 좋거나 싫다는 생각을 일으킨다. 더러는 고통이나 슬픔으로, 더러는 즐거움이나 기쁨으로 받아들여 생각을 일으킨다. 그러면 어떤 대상이나 그 느낌으로 일어나는 생각(상)이 발생한다. 그리고 그것을 통해 행하고자 하는 의지(행)가 생긴다. 그것들이 남아서 총체적으로 만들어내는 결정이나 판단(식)이 합해져 오온을 이룬다. 특히 식온은 대상을 파악하여 마음을 움직인다. 그 마음이 선악을 구별하게 만들고, 이러한 방식으로 오온은 인연과 관계(연기)를 만들어 업을 쌓는다.

어린 왕자에게 여우가 한 말을 잠시 떠올려보면 좋겠다. 관계를 맺는 것이 무엇인지 모르는 어린 왕자에게 여우가 한 말이다.

"응, 넌 아직 나에게 수많은 다른 아이들과
하나도 다를 게 없는 아이일 뿐이야.
그러니까 난 네가 필요하지 않아.
너도 내가 필요하지 않고.
너에게 나는 수많은 다른 여우들과 다를 바 없는
한 마리 여우일 뿐이거든.
하지만 네가 나를 길들인다면
우리는 서로 필요하게 되는 거야.
너는 나에게 이 세상 단 하나뿐인 아이가 되는 거고,
나는 너에게 이 세상 단 하나뿐인 여우가 되는 거지."

– 『어린 왕자』 중에서

오온이 결합하여 지속적으로 관계를 형성하면 새로운 업연을 만들어낸다. 생각해 보자. 처음엔 아무런 관계도 아닌 어린 왕자와 여우였다. 이들이 점차 가까워지는 것 또한 오온의 결합이었다. 위의 예문은 대상을 보고 서로 길들이고 길드는 것의 소중함이 무엇인지 여우를 통해 깨닫게 되는 이야기다. 이후 어린 왕자는 지구의 정원에 핀 장미꽃들이 자기가 두고 온 별의 장미와는 조금도 닮지 않았다는 것을 깨달았다. 그리고 여우와 나눈 대화를 통해 자신이 장미를 진심으로 소중히 여기고 있음을 깨닫고 자기 별로 돌아갈 것을 결심한다. 그때 여우가 이런 이야기를 해준다.

"내 비밀을 말해 줄게. 비밀은 아주 간단해.
어떤 것을 잘 보기 위해서는 마음으로 보아야 해.
가장 중요한 것은 눈에 보이지 않거든."

"네 장미를 그토록 소중하게 만든 건
네가 그 장미를 위해 쏟은 시간이야."
– 『어린 왕자』 중에서

여기까지 설명하는 것만으로도 이미 오온이 공성을 가졌음을 눈치 챘을 것이다. 우리는 태어나서 지금까지 끊임없이 인과 연이 화합한 가운데 존재해 왔다. 소중하게 만든 인연은 다 상대를 향해 쏟은 시간과 정성이다. 부모의 결합도 인연이요, 나의 성장 과정이나 기타 환경 등도 인연의 결합이었다. 그로 인해 우리가 각자 받아들이는 매 순간의 느낌이나 생각, 의도나 인식 등도 어느 것 하나 고정된 것이 없다. '수·상·행·식' 또한 인연의 결합에 의한 것이므로 무상하다. 수즉시공(受卽是空), 상즉시공(想卽是空), 행즉시공(行卽是空), 식즉시공(識卽是空)이라 말하는 것도 이와 같은 원리이다.

불교에서는 오온이 깃든 몸으로 인해 받아들이고, 인식하고, 행하고, 재생하고, 저장하고 있는 모든 것이 총체적으로는 자신의 업을 어렵게 한다고 생각한다. 색안경을 끼고 보게 만드는 것이다. 그 업의 색안경이 진해지면 진해질수록 선입견이 강해진다.

이와 같이 나를 이루는 오온이 활발히 결합하면 괴로운 일을 자주 만들어내게 된다. 그 사실을 생각하면 오히려 쉽게 집착을 내려놓을 수 있을 것 같다. 자신을 아는 사람은 지혜로운 자다. 오온이 공한 것을 아는 것이야말로 지혜롭게 사는 길이다.

애착의 불길을 끄면
새로워진다

옛날에 열심히 수행하던 한 스님이 있었다. 그리고 그 스님에게는 암자를 지어 20년간 뒷바라지를 하던 공양주 노파가 있었다. 하루는 이 공양주 노파가 20년이나 지났으니, 스님의 공부가 얼마나 되었는지 시험해 보고 싶었다. 일종의 견성 검증이다. 그래서 자기 딸에게 교태를 부리게 하여 스님을 시험에 들게 한다.

딸에게 "너 오늘 스님께 공양 가져다 드리면서, 스님을 뒤에서 살짝 한번 안아봐라. 그러고 나서 스님에게 '스님, 지금 느낌이 어떠십니까?'라고 여쭤봐라." 이렇게 시켰다. 딸이 "그래도 될까요?" 망설이니까 "가서 해봐라. 스님의 공부가 얼마나 되었는지 한번 알아봐야겠다." 한다.

그래서 그 딸이 공양물을 들고 가서는 스님을 뒤에서 꼭 끌어안고 "스님, 느낌이 어떠십니까?"라고 물었다. 그랬더니 스님 하시는 말씀이 "찬 바위에 고목이 기대니 삼동설한에 따뜻한 기운이 없구나(枯木琦寒巖)."라고 하였다. 딸이 다시 여쭈기를 "그러시다면 스님은 소녀가 정을 주어도 안 받으시겠네요." 한다. 스님은 "받지 않는 정도가 아니라 도대체 정이란 걸 못 느끼겠다."라고 대답했다.

그 말을 듣고 온 딸이 공양주 어머니에게 이야기를 전한다. 딸로부터 자초지종을 들은 노파는 "저런 놈한테 20년 동안 밥을 지어주고 빨래를 해주었다니."라며 탄식하고는 뛰쳐나가 암자에 불을 질러버렸다고 한다.

이 이야기는 '파자소암(婆子燒庵)'이라는 유명한 화두다. 여기에서의 핵심은 '스님이 열심히 공부하셨구나'가 아니다. 찬 바위에 나뭇가지를 비비는 것처럼, 어떤 아름다운 여성이 와서 안아도 아무 느낌이 없다고 말하는 걸 공부를 잘했다고 보지 않는다는 이야기이다. 오히려 자신을 유혹하는 소녀의 몸을 수행이라는 창살에 갇힌 채 부자연스러운 느낌으로 받아들인 것에 대한 지적이 담겼다. 공부의 수준이 더 높아지면 거기에서 공성을 바라보고 있는 그대로 볼 줄 알게 된다. 이것을 이야기하고자 '파자소암' 같은 화두가 필요했던 게 아닌가 싶다.

결국 노파는 20년의 후원을 뒤로 하고 모든 걸 다 태워버린다.

수행이라는 상(相)과 계를 지킨다는 생각에 갇힌 스님의 틀을 다 태워 없앴다. 노파의 존재는 상에 갇힌 수행자의 견성을 이끌어주는 인물이다. 그럼, 소녀의 몸을 받아들였어야 옳은 것인가? 아니다. 그래야 한다는 이야기가 아니다. 그런 세속적 잣대로 저울질하지 말고, 욕망을 뛰어넘는 자유로운 공의 세계로 넘어오길 바란다.

이 이야기를 하는 이유는 관념에 빠져서는 안 된다는 것을 말하고 싶어서다. 깨달음의 길은 요원하여 반드시 마음을 비워야만 얻을 수 있다. 공의 세계는 비워야 한다는 생각조차도 내려놓음으로써 건널 수 있다.

노파는 암자에 불까지 질러가면서 틀에 갇힌 스님을 밖으로 내몰았다. 깨달음의 눈으로 보면 여자는 여자고, 남자는 남자다. 산을 보니 산이요, 물을 보니 물이더라는 말이다. 산은 산이 아니요, 물은 물이 아니더라는 말은 하지 않는다.

부드러운 여인의 몸이 내 몸에 닿았는데, 고목과 차디찬 바위의 만남 같다니, 정상인이라고도 할 수 없다. 보통 사람이라면 무엇을 보더라도 있는 그대로 보고 느낄 것이다. 20년이나 수행한 사람이라 해서 있는 그대로의 느낌을 외면하는 것은 또 다른 생각의 틀에 자신을 가둔 것이나 다름없다.

3

행복해지고 싶다면 시각을 바꿔라

舍利子 是諸法空相 不生不滅
사 리 자　시 제 법 공 상 불 생 불 멸
不垢不淨 不增不減
불 구 부 정　부 증 불 감

사리자여!
모든 법은 공하여 나지도 멸하지도 않으며,
더럽지도 깨끗하지도 않으며, 늘지도 줄지도 않느니라.

무상과 무아는
삶의 부정적 얼굴이 아니다.
오히려 그 위에 삶이 세워지는 기반이다.

모든 것은 끊임없이 변화한다.
이것이 무상이다.
무상이 없으면 삶도 없다.

모든 것이 서로 의존한다.
이것이 무아다.
서로 의존하지 않으면 무엇도 존재할 수 없다.
– 틱낫한

행복해지고 싶다면
시각을 바꿔라

모든 법은 공하여

是諸法空相(시제법공상)

파아란 하늘에 흰 구름이 떠간다. 눈이 시원해지는 풍경이다. 하늘, 땅, 사람 등등 모든 것이 내 육근(눈, 귀, 코, 혀, 몸, 마음) 안에 들어온다. 내 눈 안에 들어온 저 모든 것을 불교 용어로 '모든 법, 제법(諸法)'이라 부른다. 그리고 내 눈 안에 들어온 모든 내용물[諸法]은 내가 지은 인연에 따라 내게 인식된다.

자, 그럼 단어부터 살펴보자. '모든 법, 제법'이라는 단어가 나왔다. 보통 '법'이라고 하면 법률이나 규칙을 떠올리기 십상이다. 그런데 불자들에게 '법'이 뭐냐고 물으면 대뜸 '부처님의 가르침'이라고 말할 것이다. 이처럼 '법'이라는 단어는 여러 의미가 있다. 그러나 여기에서 말하는 '제법'의 '법(法)'은 또 다른 의미로 인식된 모든 것을 의미한다. 그러니까 물질세계는 물론이고, 마음의 세계에서 만들어낸 모든 개념까지도 다 이 '제법' 안에 들어온다. '있다, 없다', '시작이다, 끝이다' 하는 모든 개념도 다 '제법'이다. 그리고 이러한 것들의 허구성을 알려주는 것이 바로 '공'이다. '제법이 다 공하다'고 말하는 이유다.

그럼 이러한 모든 법이 공[諸法空]하려면 어떻게 해야 할까? 참 쉽다. 그냥 인식하는 이의 마음을 쉬면 이루어진다. 깨끗한 거울이 사물을 깨끗하게 비추는 것과 마찬가지다. 거울이 깨졌거나 지저분하면 사물을 제대로 비추지 못한다. 그러니까 제법은 나를 중심으로 이루어진 것들이라고 생각하면 된다. 나라고 하는 존재가 있기에 생각도 일어나고, 세상도 인식한다.

모든 것은 내가 만든 것이나 다름없다. 내가 인식할 때 비로소 존재할 수 있기 때문이다. 우리가 만든 개념도 그렇다. 고정관념도 다 자신이 만들어낸 것이다. 원래부터 있던 것은 하나도 없다. 내가 아니더라도 누군가는 만들었고, 나도 모르게 학습되었다. 또한 내가 일으킨 허망한 한 생각(분별)에 의지하여 모든 법이 만들어진다. 내가 분별하여 허망한 생각을 일으키지만 않는다면, 있는 그대로의 모습, 즉 본성을 있는 그대로 볼 수 있다는 말이다. 그렇기에 제법은 다 허망하다고 말하는 것이다.

변한 것은 상대가 아니라
내 마음이다

나지도 멸하지도 않으며

不生不滅(불생불멸)

존재의 생성 법칙이 공하다는 것은 곧 모든 존재, 생성된 모든 것의 본질이 공하다는 말이다. 제법의 공한 그 상을 제대로 보고 나니, 태어남도 없고 소멸도 없다. 보는 법, 보이는 법, 정신적인 것, 물질적인 것, 이 세상의 모든 법은 연기법에 의해서, 서로 의지하면서 한시적으로 존재한다. 그것을 잘 살펴보면, 실체가 없고, 태어남도 없고 사라지는 것도 없다. 우리가 사물을 볼 때는 시간적으로, 공간적으로 파악하려는 버릇이 있는데, 그것을 타파하는 구절이 이것이다. '태어남도 없고, 소멸함도 없다(不生不滅).' 이렇게 표현한 것이다.

그럼 '불생불멸'을 좀 더 파헤쳐볼까?

맑은 바람이 솔솔 불어온다. 바람은 어디서 불어오는 것일까? 그 바람의 끝을 쫓아가 보아도 바람의 시작을 알 수 없다. 불생(不生)이다. 바람은 있으나 어디에서도 남[生]이 없다. 반대로 이 바람은 어디로 불어가고 그 끝은 어디일까? 바람의 끝을 쫓아가 보아도 그 끝은 알 수 없다. 불멸(不滅)이다. 어디에도 그 끝은 없다. 바람은 있으나 생겨남도 없고 멸함도 없다.

창밖에 비가 내린다. 내리는 비의 시작을 알 수 있는가? 또는 비의 끝을 알 수 있는가? 비는 내리고 있는 것만을 가리켜 '비'라고 한다. 이미 땅에 떨어진 것은 비가 아니다. 빗물이다. 빗물은 대지를 적시고 지하로 흘러들어가며, 강으로 바다로 흘러간다. 그럼, 거기가 끝일까? 아니다. 바닷물은 다시 수증기가 되어 증발하고, 하늘로 올라가 구름을 형성한다.

비를 품은 구름도 마찬가지다. 그것은 어디까지나 비구름이지 비가 아니다. 그럼 어느 지점을 우리는 비라고 이야기할 수 있을까? 내리고 있는 비를 감상할 수는 있다. 하지만 비의 시작도 끝도 내 손에 쥘 수는 없다. 내리고 있는 것만이 비라고 하기 때문이다.

이처럼 바람이 부는 것이나 비가 내리는 것이나 그 어느 것도 시작과 끝을 단언할 수 없다. 찾아내어 가져올 수도 없다. 조건에 의해 결합하여 바람도 불고, 비도 내리는 것이다. 제법이 공한 이치가 그러하다.

제법의 공한 그 모습을 제대로 보았는가? 보고 나면, 생도 없고 멸도 없다. 태어나는 것도 없고 소멸하는 것도 없다. 시간적 변화를 말하는 '무상(無常)'의 원리로 받아들이면 훨씬 이해하기 쉽다.

바람이 분다. 지금 느끼는 바람은 있으나 그 시작도 끝도 모른다. 모든 것은 변하기에 있다고도 할 수 없고, 없다고도 할 수 없다. 태어남도 없고, 멸함도 없다. 모든 것이 공한 모양[空相]을 가질 뿐이다.

마치 환상과 같고, 꿈과 같고,
신기루와 같다.
태어남과 머무름과 사라짐이
각각 그와 같이 설명되었다.

如幻亦如夢(여환역여몽)
如乾闥婆城(여건달파성)
所說生住滅(소설생주멸)
其相亦如是(기상역여시)
－『중론』중에서

사람도 마찬가지다. 누구나 태어나면 반드시 죽는다. 언제 죽는지는 모른다. 어떻게 죽을지도 모른다. 그러나 반드시 죽는다. 생로병사가 있다는 사실은 누가 가르쳐주지 않아도 알 수 있다. 우리는 매순간 죽어간다. 세포들이 죽어가고 그러면서 또 다른 세포가 생성된다. 상처가 나면 새 세포의 생성으로 인해 낫는다. 이것이 죽기까지육체를 유지해 가는 과정이다. 태어남과 죽음이 매 순간 함께한다는말이다. 그러면 무엇이 '생'이고 무엇이 '사'인가? '생'이랄 것도 없고, '사'라고 할 것도 없다. 그저 변화가 있을 뿐이다. 무상하다.

마음도 마찬가지다. 마음에도 생로병사와 똑같은 이치가 적용된다. 이것을 우리는 '생주이멸(生住異滅)'이라고 한다. 누군가를 좋아하는 마음이 생겼다. 그 마음이 내 안에 머물렀다. 감정이 유지된다. 시간이 지나 어떤 일련의 사건을 거치면서 마음이 깨진다. 변화되고, 흩어져버린다. 아무것도 남은 감정이 없다. 여기까지가 연애 감정의 흐름이다.

연애 감정의 한 흐름 못지않게 미움도 마찬가지다. 누군가를 싫어하고 미운 마음이 생겼다 치자. 물론 그렇게 된 데는 결정적 원인이 있을 것이다. 이젠 보거나 생각만 해도 미운 생각이 든다. 그러다 멀리떨어져 있게 되었다. 안 보니 생각을 안 하게 되고, 그 사이 감정이 수그러져 미움도 사라졌다. 미운 감정이 사라지자, 빈 마음이 된 것 같

다. 생로병사가 인생의 흐름이라면, 마음은 이렇게 생주이멸로 흘러
간다.

그렇다면 이 우주, 자연의 흐름은 어떻게 될까? '성주괴공(成住壞
空)'의 흐름을 갖는다. 저 우주에 지구와 같은 수많은 별이 생기고,
오래 머물다가 어마어마한 시간이 지난 다음, 서서히 파괴되어 가
고, 그러다 다시 흩어진다. 그 없어지는 가운데 다시 한번 빅뱅 같은
것이 생겨 또 다른 우주를 만들어낸다. 우주에선 우리가 모르는 사
이에도 끊임없이 무언가 생기고 사라지고 있다. 이러한 변화의 시간
을 따져보아도 생성과 소멸이 중첩되어 있다. 그래서 생도 없고 멸도 없다
고 한다. 제법공상의 이치를 여기서도 발견할 수 있다.

시작도 끝도 없는 이야기를 하나 더 해보자. 아버지가 돌아가신 후
처음엔 선산에 매장을 했다. 처음이라고 말한 것은 몇 년 후 화장을
했기 때문이다. 아무튼 매장을 하면서 인간이 죽으면 지·수·화·풍
으로 돌아간다고 생각했다. 흙으로 돌아가고, 물로 돌아가고, 온기
로 돌아가고, 바람으로 돌아간다고. 이 모든 것들이 다 땅에 스미고
자연의 이치로 돌아가기 때문에, 우리는 사람이 죽으면 돌아가셨다
고 말한다. '돌아갔다'라고 하는 것은 결국 자연의 이치대로 돌아갔
다는 이야기다.

그러면 돌아가신 아버지는 땅속에 묻힌 뒤 어떻게 되었을까? 처음엔 부패하였겠지만, 아주 오랜 시간이 지나고 나면 다른 생명을 만들어내는 밑거름이 된다. 자연이 우리에게 주는 또 다른 선물은, 우리 조상들이 저 땅 밑에서 그렇게 썩어가고, 흙의 일부가 되었다가 다시 그것이 원인이 되어 다른 무언가 생명체를 만들어낸다는 것이다.

저 나무와 내가 연결되어 있다. 저 숲과 내가, 저 강과 내가 연결되어 있다. 그래서 우리는 어쩌면 한몸이다. 불교 교리로 보자면 이것을 무상과 무아로 설명할 수도 있겠다. 또 죽어서 끝나는 것이 아니라, 거기에서 또 다른 무언가가 발생하게 된다는 것을 알 수 있다. 이를 통해 죽음과 탄생이 겹쳐 있다는 것도 안다. 불생불멸이다. 나는 아버지를 땅에 묻어 드린 뒤부터 산천초목을 다시 생각하게 되었다. 이 대지가, 저 나무가 다 먼저 가신 이들이 살려낸 것들이겠구나 생각했다. 자연과 내가 연결되어 있음을 안다면 내가 곧 자연의 일부고, 자연이 곧 나라는 것을 인식하게 될 것이다.

보이는 것들, 정신적인 것, 물질적인 것 등등…. 이 세상의 모든 법은 연기법에 의해서, 서로 의지하면서 한시적으로 존재하는 것들이다. 그것을 잘 살펴보면, 실체가 없다. 태어남도 없고 사라지는 것도 없다.

나를 들여다보는
거울이요?

더럽지도 깨끗하지도 않으며

不垢不淨(불구부정)

이 구절은 생각보다 쉽게 받아들일 수 있다. 시간상으로 봤을 때, 공의 모습은 '불생불멸(不生不滅)'이라고 했다. 이것은 무상한 것들에 대한 우리의 집착을 깨는 데 적합한 구절이다. '불구부정'은 쉽게 말해 질적인 것에 대한 집착을 깨기 위한 것이다. 공을 체득한 사람은 마음의 더러움이나 깨끗함을 초월한다.

예를 들어, 여러분 앞에 맑은 녹차가 한 잔 놓여 있다고 하자. 맑은 그 차를 한 모금 마셨다. 입을 통해서 목구멍으로 넘어갈 때, 달고 향긋하고, 오묘한 맛을 느낀다. 그런데 뱃속에서 몇 시간이 지난 다음을 생각해 보자. 당신이 마신 그 차는 다른 색깔, 다른 냄새로 변해 있을 것이다.

자, 계속 가보자. 내가 마신 차가 오물로 배출될 때를 생각해 보자. 처음 입안에 넣었던 그것과 뱃속을 통과해서 나온 그것이 같다고 볼 수 있겠는가? 아니다. 맛도 향기도 전혀 다르다. 그렇다고 그 두 가지가 전혀 다르다고 할 수 있는가? 깨끗한 것일까? 더러운 것일까? 깨끗하다고도 할 수 없고, 더럽다고도 할 수 없다. '불구부정'이다.

차를 마심	→	시간이 지나 오물로 배설	→	부패되어 자연으로 돌아감	→	차나무의 거름이 됨	→	차가 되어 내 앞에 옴
(깨끗함)		(더러움)		(깨끗함)		(더러움)		(깨끗함)

'깨끗함도 더러움도 없다'는 것 또한 공한 성품을 말한다.

우리 눈에 비치는 것들, 그러니까 현실적으로 드러나 있는 것을 보면, 깨끗함도 있고, 더러움도 있다. 심지어 옛날에는 인간의 배설물도 거름으로 썼다. 예를 들어 율장에 보면 그 옛날 인도에서는 소 오줌을 스님들 약으로 썼다고 한다. 다쳤을 때는 소 오줌을 발라 약으로 쓰고, 소똥을 말려 불을 피우기도 했다. 지금의 눈으로 보면 매우 더럽고 지저분하게 보일 수 있다. 하지만 당시에는 생활에 꼭 필요한 것들이었다. 없으면 안 될 생필품이었다. 그런데도 소 배설물을 더럽다고 할 수 있겠는가. 그렇지 않다.

마찬가지로 우리가 맑은 물을 마셨다고 하더라도 배출될 때는 오물로서의 더러움이 있지만, 그것을 통해 농작물이나 다른 생명을 구한다고 하면 그것을 '더럽다, 깨끗하다' 말할 수 있을까? '더럽다, 깨끗하다'는 생각은 우리가 일으킨 분별일 뿐이다.

사물은 그대로인데, 사람 사람마다의 관점이 이렇게 많은 분별을 일으킨다. 개개인을 넘어 나라마다 다른 관점을 보이기도 하고, 동서양이 다른 사고방식을 드러내기도 한다. 예를 들어 여름 한철 열심히 울어대던 매미를 떠올려보자. 매미는 이미 6, 7년 전에 태어났다. 땅속에서 굼벵이로 오랜 시간 지내다 땅 위로 나온 뒤 한철 살다 간다. 그래서 우리 조상들은 매미를 죽이는 일은 매우 잔인한 일이라 여겼다. 심지어 누가 매미를 죽이면 가뭄이 든다고 했다.

그뿐만 아니라, 매미의 덕을 기려 선관오덕(蟬冠五德)이라고까지 칭송했다. 매미 머리 부분에 난 수염이 마치 관의 끈처럼 보여 학문의 덕이라 하였고, 사실은 아니지만 이슬만 먹는다고 하여 청정의 덕이라 하였다. 사람이 지은 곡물을 먹지 않으니 염치가 있다고 여겼고, 다른 벌레처럼 집을 짓지 않아 검소하다 생각했으며, 여름 한 철만 살다 깨끗이 죽으니 절도가 있다고 했다. 이것이 문(文)·청(淸)·염(廉)·검(儉)·신(信)의 오덕이다.

그런데 서양에선 정반대 의견이 나온다. 잘 알다시피 이솝우화에서는 매미(베짱이)가 게으름뱅이로 나온다. 매미는 매일 노래 부르며 놀기만 하다 겨울에 개미한테 밥 얻으러 가는 신세로 한심하게 그려놓았다. 그러나 매미는 그냥 매미다. 그저 보는 이들이 매미를 덕이 있다거나, 게으르다고 분별했을 뿐이다. 모든 것이 보는 이의 시각 차이다. 이 이야기 속에서도 '불구부정'을 발견할 수 있다.

파리가
뱃속에서 날아다녀요

여기 재밌는 이야기가 하나 더 있다. 이 예화는 오쇼 라즈니쉬(Osho Rajneesh, 1931~1990)가 강의한 『금강경』(손민규 역, 2011)에 나오는 글이다. 나의 어투로 조금 각색하여 인용하겠다. 내용은 다음과 같다.

어떤 남자가 라즈니쉬를 찾아갔다. 그는 자기 뱃속에 파리 두 마리가 들어 있다는 환상에 시달리고 있었다. 그는 입을 벌리고 자는 버릇이 있는데, 그 틈에 파리가 뱃속으로 들어갔다고 생각하고 있었다. 그리고 파리가 그의 뱃속에서 윙윙거리며 날고 있다는 생각에 빠져 있었다. 괴로웠던 그는 줄곧 걱정에 시달린 나머지, 한 자세로 가만히 앉아 있을 수도 없었다. 계속 이쪽저쪽 왔다 갔다 하며 괴로워했다. "파리가 이쪽으로 갔어. 파리가 저쪽으로 갔어." 하면서 그는 거의 미칠 지경이었다.

여기저기 의사도 찾아가 보았다. 하지만 도움을 받지 못했다. 의사들은 한결같이 웃음을 터트리며 "그것은 당신의 상상일 뿐입니다."라고 말했기 때문이다. 그러나 불행한 상상에 빠진 사람에게 그렇게 말하는 것은 전혀 도움이 되지 못한다. 왜냐하면 그가 실제로 고통받고 있기 때문이다. 남이 보면 상상에 불과할지 모르지만, 그의 입장에서는 상상이든 현실이든 아무런 차이가 없다. 그는 현실과 똑같은 고통에 시달리고 있었던 것이다.

고통받던 그가 라즈니쉬를 찾아갔을 때, 라즈니쉬는 그의 배를 만지며 말했다. "그렇군요. 그놈들이 여기 들어 있군요." 이 말을 듣고 그는 매우 기뻐했다. 그는 라즈니쉬에게 경의를 표하며 자신의 고충을 알아주는 유일한 분이라고 했다. 라즈니쉬가 말했다. "나는 알 수 있습니다. 분명히 파리가 그대 뱃속에 들어 있습니다. 나는 이런 문제를 다루는 데 전문가입니다. 제대로 찾아왔습니다. 자, 여기 누워 눈을 감고 입을 벌리세요."

라즈니쉬는 그의 눈에 가리개를 씌우고 파리가 나오도록 입을 벌리라고 말했다. 그는 매우 기뻐하며 입을 벌리고 파리가 나오기를 기다리고 있었다. 그를 그런 상태로 놔두고, 라즈니쉬는 얼른 집 안으로 들어가 파리 두 마리를 잡아 병에 넣었다. 실제 인도에는 파리가 아주 많아서 잡기도 수월했다고 한다. 라즈니쉬는 파리가 든 병을 가지고 들어와 그에게 보여주었다. 파리가 뱃속에서 나왔다는 것을 확인시킴으로써 그의 병은 완전히 회복되었다는 이야기다.

파리가 뱃속에 들어가 날아다닌다는 생각이 일반적이지는 않다. 그러나 한번 머릿속을 장악한 생각은 쉽게 바뀌지 않는다. 물론 '더럽다, 깨끗하다'는 생각은 우리가 보편적으로 인식하는 개념이다. 에피소드에 나오는 남자의 경우와는 다를 수 있다. 그러나 현실적으로 보면 우리도 쓸데없는 번뇌 망상으로 인해 고통에 시달리는 경우가 많기 때문에, 상상이든 현실이든 결과에는 아무런 차이가 없다.

'더럽다, 깨끗하다'로 나누거나, '파리가 뱃속에 있다, 없다'로 나누거나, 이치는 같은 것이다. 둘 다 차별하는 마음의 행태를 말한다. 깨끗하면 좋겠다는 마음이 더러운 것을 피하고 싫어하게 만든다. 밥은 맛있지만, 옷에 붙은 밥풀은 더러워 보이는 것과 같다. 이러한 상대적인 비교가 점점 더 불편과 고정관념을 키운다. 파리가 뱃속에 있을 리 없다는 생각이 정신적으로 괴로워하는 이에게 공감할 수 없도록 방해하는 것도 마찬가지다.

모든 것을 깊이 들여다볼 수 있는 맑은 거울이 여기 있다. 이 맑은 거울에 어디 한번 자신을 비추어보자. 비친 모든 것이 인연 따라 나타난 모습들이다. 그것들을 공의 입장에서 바라보니, 더러움과 깨끗함을 초월해 있다. 다만 드러난 현상에 대해서 우리 스스로가 평가하고 분별함으로써 오히려 구속하고 구속당한다.

대 그림자 뜰을 쓸어도 먼지 일지 아니하고
달빛이 물 밑을 뚫어도 흔적이 없네.
지혜는 밝은 사람 마음에 존재하니
마치 맑은 물이 깊은 샘에 있는 것과 같네.
삼 일 동안 닦은 마음 천 년 가는 보배요
백 년을 탐한 재물 하루아침의 티끌과 같네.

竹影掃階塵不動(죽영소계진부동)

月輪穿沼水無痕(월륜천소수무흔)

智慧存於明者心(지혜존어명자심)

如淸水在於深井(여청수재어심정)

三日修心千載寶(삼일수심천재보)

百季貪物一朝塵(백계탐물일조진)

- 야보 도천 스님 시

모든 해답은
내 안에 있다

늘지도 줄지도 않으며

不增不滅(부증불감)

내가 사는 암자는 규모가 작은 편이다. 그런데 이곳에 오신 분 중에는 절이 생각보다 크다고 말씀하시는 분도 있고, 이렇게 작은 곳에 스님이 사는 게 걱정이라고 하시는 분도 있다. 절이 커졌다 작아졌다 하는 것일까? 그럴 리 없다. 절은 늘 그대로다. 보는 이의 마음 따라 크게도 작게도 보일 뿐이다. 절 자체는 늘지도 줄지도 않으니 '부증불감'이다.

우리는 사물을 보면서 자기 욕구에 맞추어 보는 경향이 있다. 같은 법당을 보고도 작은 곳에 있다가 온 사람은 크게 느낄 것이고, 넓은 법당만 다니던 분이라면 우리 법당이 작게 보일 것이다. 자기 생각에 어긋나는 풍경이 나타나게 되면 거기에서 차이가 생긴다. 법당은 커지지도 작아지지도 않았다. '부증불감'이다.

이렇듯 '부증불감'은 커진 것도 아니고 작아진 것도 아니다. 내가 무엇을 하더라도 그것이 더 커지거나 작아지지 않는다는 이야기다. 좀 더 광범위한 예를 들어보자. 비가 많이 내렸다. 강수량이 전보다 많이 증가했다. 한강 수위가 올라갔다. 그러면 이것은 물이 늘어난 것이다. 반대로 강수량이 줄어들더니 가뭄이 왔다. 한강 수위가 내려갔다. 그러면 이것은 물이 줄어든 것이다. 수위로 보면 증감이 명확하다.

그러나 물의 기운(물을 품은 전체 양)으로 보면 비가 많이 올 때나 비가 적게 올 때나 크게 다르지 않다. 무슨 말인가 하면, 물의 기운은 하늘로 올라가면 구름이 된다. 내리면 비가 되고, 땅속에 스며들면 지하수다. 흘러가면 계곡물이 되고, 강이 되며, 바다를 이룬다.

바다를 보고 물의 양이 늘어났다거나 줄어들었다고 말하는 이는 없다. 그냥 바다는 바다일 뿐이다. 즉 총량은 같다는 말이다. 가물 때에도 총량은 비슷하다. 비가 되어 내리지 않는다고 수분이 줄었다고 말할 수 없다. 하늘의 구름 속에도 물기운은 많고, 지하에도 물은 스며 있다. 지금 우리나라는 가뭄이라도 다른 나라에서는 홍수가 날지도 모른다. 이렇듯 눈에 보이는 물의 양만으로 전체적인 증감을 논하기는 어렵다. 늘었다 줄었다 하는 개념은 우리들의 바람을 담은 판단일 뿐이다.

사람도 마찬가지다. 나이가 많다고 해서 마음이 굉장히 넓고, 인품이 훌륭하고, 마음자리가 더 커지는 게 아니다. 나이가 어리다고 해서 옹졸하거나 마음의 크기가 작다고 말할 수도 없다. 물론 나이가 드신 분들은 경험이 더 풍부하다. 그 경험을 통해서 얻은 것도 많을 것이다. 하지만 그렇다고 마음이 넓다는 보장은 없다. 반대로 어리다고 지혜롭지 않다고 말할 수 없다.

'크다, 작다', '더럽다, 깨끗하다', '좋다, 싫다' 하는 모든 느낌이나 생각은 애초에 내가 바라보는 사물에 들어 있지 않다. 그저 내 마음에서 일어난 분별이요, 감정일 뿐이다. 사물에 대해서는 집착이 덜한 사람도 자기 자신에게는 집착이 강할 수 있다. 자기 생각, 판단에 적극적으로 의지하는 것이다. 그러나 사물뿐만 아니라, 자신의 본성을 들여다볼 때도 연기법으로 관찰해야 한다. 이것이 오온의 공성을 이해하는 길이다. 그렇게 공성을 이해하면, 생사도 없고, '더럽다, 깨끗하다'는 생각도 없고, 늘지도 줄지도 않는 본성을 확인할 수 있다.

공성을 이해함은 깨달음의 세계를 엿본 것이나 다름없다. 공성을 이해하면 깨닫고, 깨닫지 않고의 차이를 만들어내지도 않는다. 그것은 마치 밝고 어두운 것의 차이처럼, 극명한 것 같으나 그렇지 않다.

낮에 빛이 있든, 밤에 빛이 없든 밝고 환함은 있을 수 있으나, 해가 사라진 것도 달이 없어진 것도 아니라는 말이다. 깨달은 이와 깨닫지 못한 이의 차이도 그와 같은 법이다.

한 번에 하나씩 삶의 균형을

눈으로 보는 저 모습들
마음에 맞기도 하고 맞지 않기도 하다.
마음에 맞아도 탐욕을 내지 말고
마음에 안 맞아도 미워하지 말라.

귀로 듣는 저 소리들
기억하고 싶은 것도 있고
기억하고 싶지 않은 것도 있다.
기억하고 싶어도 즐거워하며 집착하지 말고
기억하고 싶지 않아도 미워하지 말라.

코로 맡는 저 냄새들
향기롭기도 하고 지독하기도 하다.
향기에 탐욕을 내지 말고
악취에 언짢아하지도 말라.

여러 가지 음식에
맛있는 것도 있고 맛없는 것도 있다.
좋은 맛에도 탐욕을 내지 말고
나쁜 맛에도 가리지 말라.

즐거운 감촉에 부딪혀도 빠져들지 말고
괴로운 감촉에 부딪혀도 싫어하는 생각 내지 말라.
평등하게 괴로움과 즐거움을 버려
소멸하지 않는 것을 소멸하게 하라.

-『잡아함경』제11권

1

존재의 변화

是故 空中無色 無受想行識
시고 공중무색 무수상행식

그러므로 공 가운데는 색이 없고
수 상 행 식도 없으며,

존재의
변화

오온이 공한 줄 알면 고통 바다를 건널 수 있다. 그래서인가? 제자리 걸음처럼 또다시 오온이 나온다. 앞에서는 '색이 곧 공이요, 공이 곧 색'이라더니 이제는 바뀌었다. '공' 속에는 '색'이 없다고 말한다. 대체 왜 이러는 걸까?

그렇다면 오온을 되짚어보지 않을 수 없겠다.

우리가 보통 생각하는 '나'라고 하는 존재! 인간을 구성하고 있는 다섯 가지 요소, 이것이 오온이다. 나아가 세상 만물이 다 오온으로 결합하지 않은 것이 없다고 볼 수도 있다. 인간을 중심으로 설명하기 쉽기 때문에, 계속 몸을 예로 들어 설명한 것뿐이다.

불교의 입장에서 보면, 인간은 인연에 의해 만들어진다. 외모나 성격도 다 인연이요, 업보에 의해 이루어진 연기적 산물에 불과하다. 그러므로 고정된 실체를 찾을 수 없다. 이렇게 나를 이루는 것을 가리켜 '오온의 연기적 결합'이라 한다. 그렇다면, 내가 '어떤 존재'인지 나는 말할 수 있을까?

우선 본인 스스로 생각하는 '나'가 있을 것이다. 인연의 결합에 의해서 만들어진 것이다. 외모도 성격도 모두! 한편 남이 아는 나는 어떤 존재일까? 내가 생각하는 나와 남이 평가하는 나는 다를 수 있다. 나는 내성적이라고 생각하는데, 남은 외향적이라고 생각하는 경우도 있으니 말이다. 『탈무드』에 재밌는 이야기가 나온다. 사람을 평가하는 세 가지 기준에 관한 내용이다.

첫째는 '키소(kiso)'다. 키소란 돈을 넣는 주머니를 말한다. 즉 그 사람이 돈을 어디에 어떻게 쓰며 사는지 보는 것이다. 돈의 씀씀이가 그 사람의 평가 기준이 된다는 이야기다. 둘째는 '코소(koso)'다. 코소란 술잔, 즉 '향락'을 의미한다. 그 사람이 지금 무엇을 즐기는지, 무엇에 빠져 있는지, 그의 마음이 어디에 있는지를 살피라는 것이다. 이것은 그가 좋아하는 것을 통해 그의 인생을 평가할 수 있다는 뜻이다. 셋째는 '카소(kaso)'다. 카소란 '노여움'이라는 뜻이다. 카소는 또한 인내력을 가리키기도 한다. 자기의 감정이나 분노를 얼마나 제어할 수 있는가, 얼마나 참고 인내할 수 있는가를 통해 그 사람을 평가할 수 있다는 뜻이다. 꽤 지혜로운 평가 기준이 아닌가 싶어

웃으며 읽은 대목이다.

내가 생각하는 '나'와 남이 생각하는 '나'는 다르다. 나의 업이 다르고, 나를 바라보는 이들의 업이 달라서 그렇다. 업이 가리게 되면 실체를 제대로 볼 수 없다. 그래서 나도 나를 모를 수 있고, 남도 나를 모를 수 있다. '나'라고 하는 존재는 모두가 인연화합에 의해 형성된 것이다. 그러니 그 인연화합을 걷어내면 공한 성품을 찾아낼 수 있다. 색이 곧 공임을 알게 되며, 공이 곧 색임을 알게 된다.

이와 같이 지금까지는 '색'을 물질이나 형상으로써 이해해 왔다. 그러나 그것은 어디까지나 일반적인 해석에 지나지 않는다. 수행하는 이에게 있어 '색'은 단순히 물질적인 것만을 의미하는 것이 아니다. 분별 망상을 일으키는 순간 모든 것들이 '색'이 되어버린다. 눈앞에 보이는 모든 것이 '색'이요, 나아가 머릿속에 그려지는 모든 형상이 색이다.

그래서 수행자들은 생각이 자유로운 마음자리를 추구한다. 생각에 매이지 않은 자리가 '공'의 세계다. 만일 조금이라도 그간의 경험이라든지 가치관 등에 영향을 받아 대상을 인식했다간 결코 공의 세계를 보지 못한다. 그러므로 공 가운데는 색이 있을 리 만무하다. 본래는 공한 것인데, 내가 분별하여 계속해서 만들어내는 것이다. 그러므로 공 가운데 색이 없다고 말한다. 이것이 '공중무색'이다.

으악!
귀신을 보았다

'공중무색'이 한 단계 더 업그레이드되었다. 다시 한번 앞에서부터 살펴보자.

『반야심경』에서는 먼저 '공 가운데 색이 없다'고 말한다. 이상하다. 앞에서는 분명히 있다고 했는데, 뒤에서는 없다고 한다. 이유는 간단하다. 모든 것이 연기로 결합하여 한시적으로 생긴 것임을 알려주기 위해서다. 그를 위해 형상이 있는 것들을 매개체로 공의 이치를 설명했다. 그런데 지금은 반대로 공을 이해한 뒤에 살펴보니, 우리가 분별을 일으킨 모든 순간 이미 색이 되었음을 알려준다. 욕망이나 콤플렉스, 기타 등등… 우리가 만들어낸 모든 것, 즉 이 세상에 '색' 아닌 것이 없더라는 이야기다.

어젯밤에 마당에 나가보니 탑 뒤편으로 소복 입은 귀신이 보였다. '아우, 웬 귀신이 이리 잘 보인대?' 하고 얼른 문을 잠그고 들어왔다. 그런데 오늘 아침에 나가보니, 그 귀신이 실체를 보여주었다. 풀빨래하고 널어놓은 큰 비닐을 안 걷었던 것이다. 어젯밤 그 귀신을 잡아 장에 넣으며 웃었다. 소복 입은 귀신도 나의 분별심이 만든다. '공즉시색'이다.

이와 같이 눈을 돌려 우리 자신을 살펴보면 잘 알 수 있다. 즉, 차별하는 마음도 없고, 있는 그대로 공의 이치로 바라보면, 공 가운데는 색도 없고, 수·상·행·식이라고 하는 마음 작용도 없어진다. 모든 것은 사람이 가지고 있는 분별에 의해 만들어진 개념들이다. 그러니 분별하는 마음만 없애면 있는 그대로 볼 수 있다. 경험이나 가치관 등의 업에 물들지 않고 열린 마음의 상태가 되어야만 공한 이치를 터득할 수 있다는 이야기다.

예를 하나 더 들어보자. 『유마경』「관중생품」의 이야기다. 지혜제일 사리불 존자가 유마 거사의 병문안을 갔을 때의 일이다. 유마 거사의 방에 있던 천녀가 하늘의 꽃을 부처님 제자들에게 뿌렸다. 꽃잎이 보살들에게 이르러서는 곧바로 떨어졌는데, 큰스님들에게 뿌려진 꽃잎은 딱 붙어서 떨어지지 않았다. 아무리 신통력으로 떼려 해도 떨어지지 않았다. 그때 천녀가 사리불 존자에게 물었다.

"무슨 까닭으로 꽃을 없애시려 합니까?"

사리불 존자가 답하기를, 꽃을 붙이고 있는 것이 여법하지 못해서라고 하였다. 이 말을 들은 천녀가 사리불 존자에게 일침을 가하는 아주 멋진 대답을 한다. 이 대목은 꼭 기억해 두면 좋겠다.

"이 꽃을 가지고 여법하지 못하다고 하지 마십시오.
왜냐하면 이 꽃은 분별하는 바가 없습니다.
스님이 스스로 분별하는 생각을 내었을 뿐입니다.
만약 불법에 출가하여 분별하는 이가 있으면
그것이 여법하지 못한 것이 됩니다.
만약 분별하는 바가 없으면 이것이 여법한 것입니다.
살펴보니, 모든 보살에게 꽃이 붙지 않은 것은
이미 일체의 분별하는 생각을 다 끊었기 때문입니다."

– 『유마경』 「관중생품」 중에서

영원한 게
있냐 공?

『중아함경』에 나오는 '독화살의 비유'를 떠올려보자. 말룽캬라는 비구가 부처님께 여쭈었다.

"이 세계가 영원한 것인지 유한한 것인지, 생명이 육체인지 아닌지 몹시 궁금합니다. 저의 이러한 생각 자체가 진실한 것인지 허망한 것인지에 대해 말씀해 주십시오."

그러자 세존께서 말씀하셨다.

"말룽캬여, 내가 전에 세계가 영원하다고 해서 그대는 나를 따라 수행해 왔던 것인가? 그 밖의 의문에 대해서도 내가 전에 이것은 진실하고 다른 것은 허망하다고 말했기 때문에 그대는 나를 따라 수행해 온 것인가?"

말룽캬가 그렇지 않다고 말씀드리자, 세존께서 다시 말씀하셨다.

"그대는 참 어리석구나. 그런 문제에 대해서는 내가 일찍이 그대에게 말한 일도 없고, 그대 또한 내게 말한 일이 없는데, 어째서 그리 부질없는 생각을 한단 말인가?"

그렇게 말해도 말룽캬가 도무지 알 수 없다는 표정을 짓자, 독화살에 맞은 사람의 비유를 들어 설명하셨다.

"어떤 사람이 독 묻은 화살을 맞아 견디기 어려운 고통을 받고 있을 때, 그 가족들이 곧 의사를 부르려고 했다. 그런데 그는 '아직 화살을 뽑아서는 안 되오. 나는 먼저 나를 쏜 사람이 누구인지, 성은 무엇이고 이름은 뭐라고 하며 어떤 신분인지를 알아야 하오. 그리고 그 활을 뽕나무로 만들었는지 물푸레나무로 만들었는지 알아야 하오. 또 화살 깃이 매 털로 된 것인지 닭 털로 된 것인지도 먼저 알아야 하오.' 이렇게 따지려고 든다면 그는 그것을 알기도 전에 온몸에 독이 퍼져 죽고 말 것이다. 세계가 영원하다거나 무상하다고 말하는 이들도 이와 똑같다. 그들에게도 생로병사와 근심걱정은 있다. 나는 그대들에게 세계가 무한하다거나 유한한 것이라고 단정적으로 말하지 않는다. 왜냐하면 그것은 이치와 법에도 맞지 않으며, 수행도 아니어서 지혜와 깨달음으로 나아가는 길도 아니고, 열반의 길도 절대 아니기 때문이다. 내가 한결같이 말하는 것은 괴로움과 그 괴로움의 원인과 그것의 소멸과 그 괴로움을 소멸하는 길이다. 그대들도 그렇게 알고 배워야 한다."

이렇듯 불필요한 질문에 대하여 부처님은 더러 침묵하시기도 하고, 독화살에 비유하여 말씀하시기도 하였다. 보통의 인간들은 세상을 있는 것과 없는 것으로 파악하고자 한다. 영원한지 아닌지, 시작과 끝을 찾고자 한다. 그런데 깊이 파고들면 '있다'거나 '없다'는 판단은 어리석은 결정에 지나지 않다. 영원하다거나 영원하지 않다는 어느 쪽의 판단도 그저 본인의 분별이다. 모든 것에 자기가 분별을 일으켜 나누어놓고, 부처님께 "이게 맞아요? 저게 맞아요?" 물으면 그저 어리석은 웃음만 남기는 이야기가 된다. 그러니 부처님께서도 듣고는 대답을 안 하신 게 아닐까 싶다. "얘야, 너는 대체 뭐라는 거니?"
　나의 경우에도 그렇다. 나는 꽃을 좋아한다. 아름답게 핀 꽃을 보고 싫어할 사람이야 없겠지만, 사실 꽃은 그냥 꽃일 뿐이다. 환경이 적합하다면 때가 되어 피고 지는 것이지, 꽃은 누구에게도 잘 보일 생각이 없다. 그 꽃을 보고 '예쁘다, 별로다' 하는 것은 보는 이의 분별심이 작용한 것이다. 그러니까 꽃이라고 하는 '색' 자체는 아무런 문제가 없다. 내가 꽃에 마음을 빼앗겼는지, 아닌지가 문제다. 마찬가지로 원래는 세상 모든 것이 평등한데, 대하는 이들이 평등심을 잃고 흔들리기 때문에 차별이 생긴다. 모든 것은 분별심을 일으키는 사람이 문제다.

2

마음의 담장 너머

無眼耳鼻舌身意 無色聲香味觸法
무 안 이 비 설 신 의 무 색 성 향 미 촉 법

無眼界 乃至 無意識界
무 안 계 내 지 무 의 식 계

안 이 비 설 신 의도 없고,
색 성 향 미 촉 법도 없으며,
눈의 경계도 의식의 경계까지도 없고,

슬프구나, 요즘 사람들은
미혹한 지가 오래되어 자기 마음이
참 부처인 줄 알지 못하고,
자기의 본성이 참 진리라는 것을 알지 못한다.

진리를 구하고자 하면서
멀리 있는 성인들만 추앙하고,
부처를 구하고자 하면서
자기의 마음을 관(觀)하지는 않는다.

　　- 『수심결』

세월 가면
덧없는 육신은 허물어질 테니

안 이 비 설 신 의 도 없고

색 성 향 미 촉 법 도 없으며

無眼耳鼻舌身意 無色聲香味觸法 (무안이비설신의 무색성향미촉법)

아주 작은 꼬마 사철나무를 10년쯤 키웠다. 어느 날 문득 바라보니 내 키만큼 자랐다. 가끔 주는 물과 햇볕과 적당한 기온, 어쩌다 한 번씩 꽂아주는 영양제까지, 이 모든 조건이 나무를 살렸다. 철사로 칭칭 감긴 채 내 손에 올 때만 해도 이렇게 크게 자랄 줄 상상도 못 했다. 철사를 다 뽑아내고 무심하게 내버려뒀는데, 내가 곁을 비운 사이에도 많은 것들이 나무를 키워내고 있었다. 물과 햇볕 같은 여러 조건들이 도와주지 않았다면 저 나무는 벌써 말라비틀어졌을 것이다. 내 마음이 키운 것이 아니라, 여러 인연이 키운 것이다.

이렇듯 오온이라는 것도 다 인연에 의해 만들어진다. 그래서 내 몸도 내 몸이라고 말할 수 없다는 것이다. 마찬가지로 내 마음도 내 것이랄 게 없다.

우리에게는 다섯 가지 감각기관이 있다. 눈, 귀, 코, 혀, 피부(몸)다. 그리고 이것들을 종합해서 판단하는 의근(意根)이 작동한다. 이 여섯 가지를 통틀어 '육근(六根)'이라고 한다. 육근이 작동하려면 상응하는 외부 대상이 있어야 한다. 눈으로 볼 수 있는 형상에서부터 소리, 냄새, 맛, 만져서 느껴지는 감촉, 그리고 마음의 대상인 어떤 생각, 관념이나 개념 등이 그것이다. 이것을 '육경(六境)'이라고 한다.

우리가 살아 있음을 느끼는 것은 눈, 귀, 코, 혀, 몸, 의식 작용을 하는 육근이 있기 때문이다. 육근이 작용을 하니까, 여러 대상과 결합하여 다양한 감정을 만들어내는 것이다. 육근이 있기 때문에 생명 활동을 하고 살아있음을 느낀다. 세상 만물이 있어도 감각기관인 육근이 제대로 작동하지 못하면 의미가 없다. 우리가 보고 느끼는 모든 것들이 바로 육근을 통해 들어오고 나가기 때문이다.

이것을 바꿔 말하면, 육근의 대상이 되는 모든 것들이 곧 '색·성·향·미·촉·법' 여섯 가지 경계를 넘지 않는다. '육근'과 '육경'이 만나

'안식, 이식, 비식, 설식, 신식, 의식'의 '육식(六識)'이 나온다. 육근과 육경을 '십이처(十二處)', 그리고 이 육근과 육경에 육식을 합해서 '십팔계(十八界)'라고 한다.

십이처(육근+육경)		
십팔계(육근+육경+육식)		
육근(六根)	육경(六境)	육식(六識)
안근(눈)	색경(형상)	안식
이근(귀)	성경(소리)	이식
비근(코)	향경(향, 냄새)	비식
설근(혀)	미경(맛)	설식
신근(몸)	촉경(감촉)	신식
의근(생각 작용)	법경(생각 내용)	의식

재밌는 것은 그 어떤 대상도 육근을 통해 들어오면 내 몸의 일부가 된다는 것이다. 예를 들어 빵을 보았을 때 그 빵은 외부 대상이었다. 그런데 내(색)가 그 빵을 먹어버리면 빵은 내 몸의 일부가 된다. 대상이 사라지면서 내 몸의 일부로 변한 것이다. 한편 시간이 흘러 그것이 배설물로 나왔다면 어떨까? 그것은 내 몸에서 나와 다시 대상으

로 전환된다. 그럼, 저 빵은 나일까, 아닐까?

먹었을 땐 나라고 할 수 있고, 배설되었을 땐 아니라고 할 수 있다. 이렇게 따지다 보면 실은 어느 것도 내 것 아닌 것이 없으며, 어느 것도 내 것이라고 할 것이 없다. 그래서 무상하다고 한다. 이러한 이치를 인정한다면 내 몸에 대한 집착을 조금은 내려놓을 수 있을 것이다. 지혜로워지기 위한 가르침을 배우기 위해 우리가 불교를 공부하는 것이다.

이상은 오온 가운데 '색'이 육근과 결합했을 때의 상황 설명이다. 그럼 '수'는 어떨까? 육근 안으로 대상이 들어오면 느낌이 생긴다. 눈으로 봤을 때의 느낌, 귀로 들었을 때의 느낌, 코로 냄새 맡았을 때의 느낌, 입으로 맛볼 때의 느낌, 몸으로 부딪쳤을 때의 느낌 말이다. 그러한 느낌에서 좋고 싫은 감정이 생긴다.

이 느낌을 가지고 업이 만들어진다고 본다. 우연히 일어난 느낌이 결국 나의 업연을 만든다는 이야기다. 여행에서 우연히 만난 남자와 결혼하게 되었다면 그것이야말로 업연이다. 모든 시작은 느낌이 좋아서일 테니까. 그렇기에 불교에서는 이 느낌을 관찰하라고 마음챙김, 즉 '알아차림' 수행을 가르친다. 그럼, 말 나온 김에 한번 짚고 넘어가 볼까?

마음챙김 수행은 기본적으로는 분명하게 알아차리되, 불교의 지

식과 지혜를 바탕으로 바른 알아차림이 일어나도록 하는 것을 말한다. 그냥 '그런가 보다' 하는 대충의 느낌이 아니라, 명확하게 그 상태를 직시해야 한다. 이것을 '사념처(四念處)' 수행이라고 하는데, 신(身)·수(受)·심(心)·법(法)에 관한 수행이다. 즉 '몸과 느낌과 마음과 현상'에 대해 관찰하고 알아차리는 수행법이다. 몸과 마음에서 일어나는 현상들을 계속해 주시 관찰하고 집중함으로써 번뇌 망상에서 벗어나도록 하는 원리다.

신념처(身念處) 수행은 우리 몸에 대한 관찰이다. 내 몸의 구성 요소를 들여다보게 한다. 우리 몸에는 살아가는 동안 온갖 병과 상처가 남는다. 그래서 몸의 더러움에 대해 관찰하며, 몸의 역할에 대해 관한다. 백골관이나 부정관 수행이 여기에 해당한다고 볼 수 있다.

수념처(受念處) 수행은 특히 괴로움의 느낌[苦受]과 즐거움의 느낌[樂受], 괴롭지도 즐겁지도 않은 느낌[不苦不樂受]에 대해 느껴지는 대로 관찰하는 수행을 말한다. 금세 사라질 무상한 느낌뿐만 아니라, 감정의 씨앗까지도 관찰함으로써 집착을 키우지 않는 것이다. 이 수념처 수행을 통해 좋고 싫은 감정에 집중하는 것을 멈출 수 있다.

마음에 대해 관찰하는 심념처(心念處)와 현상에 대해 관찰하는 법념처(法念處)도 마찬가지다. 매 순간의 마음을 알아차림으로써 지금 일어난 갈애를 '우선 멈춤'의 상태에 이르게 한다. 또 법념처 수행은 지금 일어나고 있는 현상들의 무상함을 관찰하는 것이다. 신·수·심·법의 사념처 수행이란 결국 이 세상을 이루고 있는 수많은 사물과 현상을 대할 때 매 순간 그것이 일어나고 사라지는 생멸의 이치를 끊임없이 통찰하는 수행이다.

이상과 같이 '색·수·상·행·식'은 모든 육근과 육경이 결합할 때 함께 작용한다. 생각(상)이 육근과 결합하면 바깥 경계를 받아들이는 것에 의해 기쁘고 슬픈 감정들이 일어난다. 좋은 것은 사랑하게 되고, 나쁜 것을 싫어하게 되는 생각들이 작용하는 것이다. 이러한 생각이 다시 좋은 것을 계속 보고 싶은 의도(행)를 갖게 하고, 싫은 것은 멀리하고 싶은 의도를 갖게 한다. 그런 이미지들이 모여 내 안에 인식하고 저장되는 것이다.

그런데 『반야심경』에서는 이러한 것들이 다 없다고 말한다. '무안이비설신의(無眼耳鼻舌身意)'라고 설한다. 육근은 우리 몸의 일부분인데 눈도 없고, 귀도 없고, 코도 없고, 혀도 없고, 몸도 없고, 의식도 없다고 한다. 이것은 또 무슨 말일까?

『중론』에 의하면, '눈은 스스로 자기 자신을 볼 수 없기' 때문이라고 한다. 눈이란 보는 기능을 해야 눈인데, 바깥 것은 볼지언정, 자기 스스로는 보지 못한다. 눈이 '보는' 눈을 보지 못한다는 말이다. 그러므로 『중론』에서는 '스스로를 보지 못한다면서 어떻게 다른 것을 보겠는가'라고 주장한다.

눈이란 것은 스스로 자기 자신(눈)을 볼 수 없다.
스스로도 보지 못하면서 어떻게 다른 것을 보겠는가?

是眼則不能 自見其己體(시안칙불능 자견기기체)
若不能自見 云何不餘物(약불능자견 운하불여물)
- 『중론』 제3장 「관육정품」 중에서

눈이 자기 눈을 보지 못하기 때문에, 눈의 존재가 없다고 말하는 것, 이것
이 '무안(無眼)'이다. 눈이 사라지므로 눈으로 볼 수 있는 대상(육경)도 사
라지게 된다. 대상이 없기 때문에, '무엇을 본다'고 하는 말도 성립되지 않
는다. 이와 같은 원리로 생각해 보니 귀도, 코도, 혀도, 몸도, 인식 기
관도 있다고 할 수 없다. 따라서 '안·이·비·설·신·의도 없다'고 하는
것이며, '색·성·향·미·촉·법도 없다'고 말한다. 어디 그뿐인가? 이대
로라면 육근, 육경, 육식의 십팔계 모두가 사라져버리고 만다.
    이쯤에서 6조 혜능(慧能, 638~713) 스님이 5조 홍인(弘忍, 601~674)
스님의 법을 잇게 되는 과정과 게송을 한번 살펴보자.
    아버지를 일찍 여의고 나무를 해다 팔아서 어머니를 봉양하다

출가하게 된 혜능(노행자)은 황매산 홍인 대사를 친견한 뒤, 법을 받기 전까지 장작을 패고 방아를 찧었다. 하루는 홍인 대사가 제자들에게 "죽고 사는 일이 큰일인데, 겨우 복이나 닦고 있어서야 되겠는가? 너희들은 이제 스스로 지혜를 살펴 자기 본심인 반야의 성품을 가지고 각자 게송을 하나씩 지어오너라. 만일 큰 뜻을 깨친 사람이 있으면, 발우와 가사를 전하여 부처님의 정법을 전해 받은 6대 조사로 삼으리라." 하였다.

이에 신수(神秀, 606?~706) 스님이 먼저 나서 게송을 올렸다.

몸은 보리수요

마음은 밝은 거울과 같으니,

때때로 부지런히 털고 닦아서

진애(때)가 끼지 않게 하라.

身是菩提樹(신시보리수)

心如明鏡臺(심여명경대)

時時勤拂拭(시시근불식)

勿使惹塵埃(물사야진애)

그리고 이 게송에 대한 소문을 듣게 된 혜능 행자는 다음과 같은 게송을 남겼다.

깨달음은 본래 나무가 없고.
맑은 거울 또한 받침이 없네.
본래 한 물건도 없는데.
어디에 먼지가 묻으랴.

菩提本無樹(보리본무수)

明鏡亦非臺(명경역비대)

本來無一物(본래무일물)

何處惹塵埃(하처야진애)

부지런히 노력할 것을 이야기하는 신수 스님의 게송과 달리 혜능 스님의 게송은 먼지가 낄 자리조차 없음을 알려준다. 노력에도 의지가 담긴 것이니, 진리를 향해 나아간다는 인식이 확고하게 남았음을 지적하는 것이다. 왜냐하면 분별을 넘어선 깨달음의 세계에선 갈고 닦을 대상도, 먼지도 없기 때문이다. 깨달음의 세계와는 본질적으로 차원이 다른 것이다. 뭔가 의지를 갖는다는 것은 공의 세계에서 펼친

논리가 아니라는 점을 기억해 두면 좋겠다.

우연에 진심을 보태면
업연이 된다

눈의 경계도 의식의 경계까지도 없고

無眼界 乃至 無意識界 (무안계 내지 무의식계)

『반야심경』에서는 없을 '무(無)' 자를 사용하여 없다는 이야기를 계속한다. 『반야심경』을 어렵다고 느끼는 것은 이처럼 모든 것을 부정하기 때문이다. 우리 눈에 버젓이 보이는 게 있고 들리는 게 있는데, 자꾸만 없다고 이야기하여 헷갈리게 한다. 왜 그럴까? 왜 있는데 없다고 하는 것일까? 그리고 우리는 그것을 왜 믿지 못하는 것일까? 그것은 바로 관성 때문이다. 우리가 가진 습관 때문이며, 우리가 지은 업 때문이다.

식탁보가 덮인 식탁 위에 그릇을 하나 올려놓고, 식탁보를 아주

빠른 속도로 잽싸게 빼보자. 그럼 어떻게 될까? 그릇도 식탁보와 함께 이동할까? 아니다. 그릇은 그대로 있고 식탁보만 빠진다. 차를 타고 갈 때도 마찬가지다. 한참을 달리다가 급하게 브레이크를 밟으면 조금 전까지 태연히 앉아 있던 나는 앞으로 쏠리는 현상을 경험하게 된다. 이것이 관성이다.

무슨 말인가 하면, 우리는 우리가 현재 머무는 곳, 지금 알고 있는 상태를 유지하고자 하는 습성이 있다. 자동차의 경우, 자동차의 속도에 익숙해서 그 속도를 유지하려는 성질을 가졌기 때문에, 앞으로 쏠리게 된 것이다. 내가 가진 업을 그대로 유지하려는 관성이 자신의 변화를 막아선다. 바뀌지 말라고, 그냥 생긴 대로 살라고 붙잡는다.

오늘 아침 나는 일어나며 잠자리를 둘러보았다. 침구를 정리하고 팔다리를 위아래로 쭉 뻗어 늘려보았다. 찌뿌둥하여 몸이 무겁게 느껴지긴 해도 내 팔과 다리가 다 내 의지대로 움직였다. 욕실로 향하여 맑은 물로 씻은 후 거울을 보았다. 늘 그렇듯 거울은 제 역할을 충분히 잘 해낸다. 내 얼굴이 지나칠 정도로 잘 보인다.

그런데 거울에 비친 자기의 모습을 보고 어떤 사람들은 행복해하고, 어떤 사람들은 불만족스럽게 느낀다. 행복이나 불행, '예쁘다, 못생겼다' 하는 내용은 다 내 마음이 일으킨 것이지, 거울은 그 어떤 생각도 표현하지 않는다. 그저 있는 그대로를 비출 뿐이다.

거울을 바라보며 바르게 볼 수 있는 눈을 나도 가졌는지 생각해 보았다. 눈이라고 해서 다 똑같은 눈이 아니다. 거울은 있는 그대로 비추나, 내 눈의 망막에 비친 상은 그대로 비추어도 제대로 인식하지 못한다. 어딘지 왜곡되었다. 문제는 또다시 내게로 귀착된다. 나는 선택하는 존재이다. 물론 선택받는 존재이기도 하다. 그러나 선택받을 때의 나보다 선택하는 존재로서의 내가 더 중요하다는 것을 불교는 일깨워준다.

조선 후기의 실학자 연암(燕巖) 박지원(朴趾源, 1737~1805)은 청나라를 오가며 자료를 수집하고, 중국의 풍속과 제도, 문물을 소개하는 『열하일기』를 집필하였다. 청나라를 오갈 때 그는 물살이 거센 요동강을 건넜는데, 풍경은 보여도 강물 소리를 들어본 적이 별로 없었다.

한번은 한밤중에 강을 건너게 되었는데, 평소에는 들리지 않던 물결 소리가 거대하게 들렸다. '강물 소리가 이렇게 컸던가.' 연암은 그때 비로소 깨닫게 되었다고 한다. 낮에는 물줄기에만 신경을 써 소리를 듣지 못했고, 밤에는 물줄기가 보이지 않으니 오직 소리에만 집중할 수 있었기 때문이다.

두려움을 만드는 것은 결국 우리가 가진 육신의 감각기관이며, 우리는 상황을 정확하게 인식하기보다는 주위 환경과 자신의 업연에 영향을 받게 된다.

　『반야심경』이 이해되지 않는다면 자신의 사유 방식을 체크해 볼 필요가 있다. 자신이 쌓아온 많은 업과 습성이 관성처럼 작용하여 만물을 바라보는 관점을 왜곡시키고 있는 것은 아닌지 말이다. 그동안 자신의 업이 익혀온 것과는 달라, 새로운 이야기를 받아들일 준비가 안 된 것일지도 모르겠다. 그러니 우리가 『반야심경』을 잘 이해하려면 일단 마음을 비우고, 고정관념을 없애야 한다. 그래야 자유로운 사유 방식을 받아들일 수 있다. 고정관념을 많이 가진 사람일수록 틀에 얽매여 진리의 가르침을 받아들이기 힘든 법이다.

모든 것이 인연이다

사랑이 있는 곳에 걱정 생기고
사랑이 있는 곳에 두려움 생기니
사랑하거나 좋아하지 않으면
무엇을 걱정하고 무엇을 두려워하랴.

사랑 때문에 걱정 생기고
사랑 때문에 두려움 생긴다.
사랑하는 생각을 멀리 없애면
어지럽지 않으리.

사랑하는 사람을 만들지 말고
미워하는 사람도 만들지 말라.
사랑하는 사람은 만나지 못해 괴롭고
사랑을 못 받으면 근심하니
그 속에서 근심과 슬픔이 생겨
착한 근본을 소멸시킨다.
– 『법집요송경』 제1권

1

마음이 시키는 일들 – 십이연기

無無明 亦無無明盡
무 무 명　역 무 무 명 진
乃至 無老死 亦無老死盡
내 지　무 노 사　역 무 노 사 진

무명도 무명이 다함까지도 없으며,
늙고 죽음도 늙고 죽음이 다함까지도 없고,

마음이 시키는 일들
십이연기

이 대목은 십이연기(十二緣起)에 대한 가르침이다. 연기에 대한 가르침이 아예 처음부터 나왔으면 오히려 설명하기 좋았을 터라는 생각이 든다. 불교의 기본 중의 기본이 '연기(緣起)'이고, 이것을 바탕으로 모든 것을 설명할 수 있기 때문이다. 어쨌든 나왔으니, 다시 돌아가 처음부터 하나씩 살펴보자. 언제나 복습은 중요한 법이니까!

연기(緣起)란 '비롯하여 발생한다', '말미암아 일어난다'는 가르침이다. 이는 일체 존재의 상호의존성 또는 상의상관성(相依相關性)을 뜻하는 개념으로서, 있는 그대로의 사실관계를 봤을 때 그렇다는 것이다.

이것이 있으므로 저것이 있고

이것이 생기므로 저것이 생긴다.

이것이 없으면 저것도 없고

이것이 사라지면 저것도 사라진다.

此有故彼有(차유고피유)

此起故彼起(차기고피기)

此無故彼無(차무고피무)

此滅故彼滅(차멸고피멸)

존재하는 모든 것, 즉 모든 현상은 어떠한 원인에 의존해서 발생하고 그 결과에 의해 또 다른 일이 일어나고 사라진다. 계속해서 무언가 발생하고 그 결과물을 원인으로 다시 일어나고 소멸한다. 상호의존적인 관계를 통해, 여러 인연 화합에 의해 일어나고 사라지는 법칙이 바로 '연기'다.

우리는 살면서 많은 인연을 만난다. 그 가운데 운명이라고 느끼는 인연도 있고, 피하고 싶은 인연을 접하기도 한다. 중요한 것은 그 모든 인연을 우리 스스로 만들어낸다는 점이다. 우리가 누굴 대했을 때의 태도가 운명을 결정한다. 놀랍게도 내가 쌓은 업의 힘에 의해서 나의 태도 또한 결정된다. 그럼, 그것을 어떻게 알 수 있을까? 불행히도 우린 자기 일을 잘 알지 못한다. 그래서 연기법에서 가장 먼저 시작되는 것이 '무명(無明)'이다. 밝지 못하다는 말이다.

> "벗이여! 여기 두 묶음의 갈대단이 있다고 하자.
> 이 갈대단은 서로 의지하고 있을 때는 서 있을 수가 있다.
> 즉 이것이 있으므로 저것이 있는 것이며,
> 저것이 있기에 이것이 있는 것이다.
> 그러나 만약 두 묶음의 갈대단 중 어느 하나를 치운다면
> 다른 갈대단도 쓰러지고 만다.
> 이처럼 이것이 없으면 저것도 없는 것이며,
> 저것이 없으면 이것도 없는 것이다."
> – 사리불 존자의 말씀

그럼 연기의 가르침이 어떻게 해서 탄생하였는지 그 유래를 거슬러 올라가 보자. 당연히 부처님의 깨달음 장면이 되겠다.

6년 동안 극도로 병약해진 부처님은 스스로 육체적으로든 정신적으로든 균형이 흐트러졌다는 사실을 깨달았다. 육체가 무너지면 정신도 무너진다는 사실을 뼈저리게 느낀 뒤, 고행을 그만두고 평온한 상태에 이르도록 했다. 그런 뒤에 사유하기를 "존재하는 모든 것

들은 태어나서 늙고 병들어 죽는다. 그리고 끊임없는 윤회에 헤매면서 괴로워한다. 사람의 눈은 욕망과 어둠에 가려 앞을 보지 못하므로, 윤회에서도 벗어나지 못한다."(『율장 대품』1)고 관하셨다.

그러한 사유 방식이 점차 확대되어 인간과 우주의 실상을 보게 되었고, 그 상황으로부터 탄생한 것이 바로 '연기'의 법칙이다. 말하자면 부처님께서 깨달음을 통해 얻은 내용이 '연기법'이다. "연기를 보는 자 법을 보고, 법을 보는 자 연기를 본다."는 말씀은 연기를 깨닫는 것이 곧 바른 깨달음임을 밝힌 것이다. 마음의 눈을 뜨면 이렇듯 세상이 열리는 법이다.

특히 연기의 법칙은 인간이 쉽게 빠질 수 있는 분별 망상으로부터 벗어나 세상의 이치를 명확하게 정리한 느낌이다. 보통 우리는 인생을 생각할 때 죽으면 아예 끝이라거나, 아니면 죽은 다음에도 영원한 것이 있다는 식으로 나누어놓고 생각한다. 그것을 불교 용어로 단견(斷見)과 상견(常見)이라고 한다.

단견이란, 만물은 무상한 것이어서 실재하지 않는다고 보는 견해다. 그래서 사람도 죽으면 몸과 마음이 모두 없어져 무(無)로 돌아간다고 생각하는 것이다. 드라마 〈도깨비〉에서 도깨비 역을 맡은 배우 공유가 자신의 과보가 너무 괴로워 무(無)로 돌아가고 싶어 하는데, 그게 바로 그만 끝내고 싶은 '무'이다. 물론 이 드라마에선 네 번의 생이 있다는 설정이라 딱 잘라 단견이라고 말하기엔 모호한 부분이 없잖아 있다.

한편, 상견이란 사람이 죽어도 자성(自性)은 없어지지 않는다고 보는 견해다. 그래서 오온이 과거나 미래에 상주불변하여 끊어지는 일이 없다고 생각하는 것이다. 그런 생각을 하는 이들은 영원한 뭔가가 있다고 믿는다. 이 두 가지 견해를 부정하고 오직 조건에 의하여 결합되는 것을 바탕으로 부처님은 연기를 말씀하셨다.

십이연기를 알면
업보가 보인다

무명도 없고

無無明(무무명)

연기의 법칙을 가장 원만하게 설명하는 것이 '십이연기(十二緣起)'다. 열두 가지 원인과 결과가 계속 이어지며 인과관계를 보여준다. 이것을 자기 인생에 대입시켜 따져보면 뜻밖에도 내 업보의 사슬을 풀 수 있게 된다. 그럼, 그 원리부터 살펴볼까?

무명(無明)으로 말미암아 행(行)이 있고
행으로 말미암아 식(識)이 있고
식으로 말미암아 명색(名色)이 있고

명색으로 말미암아 육처(六處, 육입六入)가 있고

육입으로 말미암아 촉(觸)이 있고

촉으로 말미암아 수(受)가 있고

수로 말미암아 애(愛)가 있고

애로 말미암아 취(取)가 있고

취로 말미암아 유(有)가 있고

유로 말미암아 생(生)이 있고

생을 말미암아 노사(老死)가 있다.

이리하여 모든 괴로움이 생긴다.

생소한 단어도 많고, 이렇게만 봐선 당최 내 업보를 이해하기 어려울 것이다. 그러나 우리의 부처님은 연기의 법칙을 바탕으로 우리의 몸과 마음이 어떻게 형성되었는지, 어떻게 고통이 만들어졌는지 그 인과관계를 설명하셨다. 모든 현상이 일어나고 소멸하는 것을 공식화한 것이다. 모든 존재가 서로서로 원인과 조건에 의지하여 만들어지고 사라진다는 관계성을 법칙으로써 세워놓았다.

사실 처음부터 이런 순서로 말씀하신 것은 아니다. 언제나 그렇듯 부처님은 우리 앞에 닥친 문제부터 직시한다. 내가 처한 현실, 즉 늙음과 죽음이 어디에서 오는지부터 관찰하셨다. 그리하여 '생명 있는 존재들은 왜 소멸하는가?'를 어렵지 않게 발견할 수 있었다. 바로 '태어남[生]'이 있기 때문이다. 태어났으니 마음 아픈 것도 느끼고, 병고도 느끼고, 늙고 죽는 것이다.

그럼, 태어남은 어디에서 오는가? 업의 결과인 '존재'가 있기 때문이다. 존재(씨앗)라고 할 수도 있는 이것을 불교에서는 '유(有)'라고 표현한다. 뭔가가 생긴 것이다. 그러면 그 존재는 왜 생겼을까? '집착'에서 온다. 서로 좋아해서 마음을 다하여 취함이 있었다는 말이다. 이것을 '취(取)'라고 한다.

집착은 '갈애(渴愛)'에서 온다. 쉽게 말해 갈애는 '사랑[愛]'에 목말라하는 것이다. 우리가 괴로운 것은 인연 따라 태어나고 인연 따라 사라지기 때문인데, 그 인연을 좌우하는 것이 바로 '갈애'이다. 사랑이 얼마나 좋으면 대부분의 음악, 미술, 문학의 중심 테마로 사랑이 들어가겠는가. 인생의 주제가 기승전 '사랑'인 듯하다. 불교에서도 우리가 사는 욕계(欲界)뿐만 아니라, 색계(色界), 무색계(無色界)에서도 사랑하는 마음이 일어난다고 본다. 특히나 욕계 중생은 자기 욕망과 기호에 맞추어 사랑의 대상을 가린다. 단순히 좋고 싫은 감정에서 시작해 집착의 단계에 이르는 것이다.

집착은 '느낌[受]'에서 온다. 외부로부터 받아들이는 모든 감각과 감정이다. 자기가 받아들이는 느낌에 좋고 싫음이 생겨, 그 느낌을 유지하고자 집착을 일으킨다. 그리고 이 느낌은 '접촉[觸]'에서 온다. 말하자면 접촉에 의해 지각 작용이 일어나는 것이다.

앞에서도 설명한 바와 같이 여섯 가지 '감각기관'(안·이·비·설·신·의)과의 접촉이다. 즉 눈은 색과의 접촉, 귀는 소리와의 접촉, 코는 향기와의 접촉, 혀는 맛과의 접촉, 피부는 차갑거나 뜨겁거나, 딱딱하거나 부드럽거나 하는 느낌과 접촉하고, 생각을 일으키는 작용은 이름과 모양과 접촉한다. 이러한 접촉을 통한 지각 작용이 나와 남, 나와 어떤 대상이라고 하는 구분이 일어난다. 차별하는 인식이 생기는 것이다.

그럼, 이 감각기관은 어디에 있는가? 나에게 있다. 여섯 가지 감각기관을 통해 느끼고 인식한다. 그 감각기관을 통해 들어오는 대상은 '이름과 형상[名色]'에서 오고, 이름과 형상은 '의식 작용'에서 온다. 이름은 정신적 작용이고, 형상은 물질적 작용이다. 즉 몸과 마음이라고 생각하면 된다. 나의 이름과 모습이 나를 이루는 것과 같다. '명색'이다.

이러한 '이름과 형상'은 업력에 의해 분별하는 '의식[識]'에서 만들어진다. 말하자면 전생에 맑은 업을 많이 쌓은 사람은 식도 맑다. 반대로 나쁜 짓을 많이 한 사람은 탁한 식을 드러내어 세상을 살아가게 된다. 과거에 지은 업식이 형성되어 지금의 '명색'을 만들어냈다고 보면 된다. 즉 이름이나 형상을 만들어낸 의식을 거슬러 올라가 보니, 거기에 업의 '의도[行]'가 숨어 있더라는 이야기다. 과거에 지은 모든 선악의 업이 본능적으로 펼쳐지게 됨을 알 수 있다.

자, 그럼 이 의식[識]은 어떻게 형성[行]될 수 있었던 것일까? '어두운 어리석음(무명無明)'에서 나와 우리의 전 생애에 영향을 끼친다. 무명은 존재의 본성에 대한 무지를 말하는데, 이것을 '근본무명(根本無明)'이라고 한다. 그래서 초기불교에서는 사성제를 모르는 것이 곧 무명이라고 했다.

그것을 좀 더 현실적으로 파악하다 보면 잘못된 생각들을 가리켜 무명이라고 할 수 있다. 예를 들면, 저 앞에서 말한 단견(斷見)이나 상견(常見) 같은 것들이 그러하다. 어쨌든 이러한 잘못된 견해가 무명에서 나와 인식에 영향을 끼친다는 것이다. 무명에서 나온 무언가의 업보가 내 삶에 매 순간 끝없이 파고든다. 그래서 몸으로 입으로 생각으로, 나도 모르게 의도치 않는 그 무엇이 튀어나오는 것이다. **자신에 대한 집착도, 상대에 대한 집착도, 그 어떤 잘못된 견해도 다 무명에서 나온다고 보면 된다.**

거미줄 같은
인연들

지난 생을 돌아보면 가끔 잘못된 인연을 만날 때도 있었던 것 같다. 제석천왕의 인드라망에 걸린 것이 아니라, 그냥 지저분한 거미줄에 걸린 것 같은 느낌을 받을 때가 있다. 혹 여러분도 거미줄에 걸린 먹잇감을 본 적이 있는지 모르겠다.

목조 건물인 절에는 지네나 거미 같은 곤충이 많은 편이다. 환경이 그러하니 그냥 그러려니 하고 같이 살아갈 수밖에 없다. 사실 예전 같으면 거미가 방구석에 거미줄을 치면 당장 걷어버렸다. 그런데 언젠가 어느 스님께서 말씀하시기를, 거미가 있으면 돈이 생긴다고 했다. '가난한 절에 돈이 생긴다고? 와우! 그렇다면 거미를 쫓아낼 일이 아니지! 보살펴줘야지!' 나는 속물인지라 그때부터 거미가 귀여워 보이기 시작했다.

거미줄은 거미의 안전 경로이자 집이나 다름없다. 거미줄 안에서 먹거리도 잡고, 알도 보호한다. 엄청 무거운 것도 걸리면 벗어나기 힘들다. 그렇지만 거미줄을 친 거미 자신은 신기하게도 그 복잡한 거미줄에 걸리는 일이 없다. 더욱 놀라운 것은 거미는 시력이 아주 약해서 거미줄에 걸린 생명의 파닥거림만으로 먹잇감의 실체를 파악할 수 있다고 한다.

이렇게 살고 있는 내 자신을 살펴보면, 꼼짝없이 거미줄에 걸린 먹잇감처럼 느껴질 때가 있다. 그렇게 더러는 안 좋은 일에 말려들 때도 있지만, 어찌하리오. 그 또한 내가 지은 인연이요, 업보인 것을.

자, 다시 십이연기로 돌아가 보자.

십이연기의 각 항은 윤회의 생존을 구성하는 부분이다. 더 정확하게 말하자면, 지금 우리는 태어남[生]과 죽음[死]의 사이 어디쯤 있다. 약간의 나이 차이는 있으나, 누구든 태어나서 나이를 먹고 늙고 병들어 죽어가는 과정[老死] 중에 서 있다. 그런 고단한 삶의 한가운데 서 있기 때문에, 무상한 삶을 괴로워하며 인생을 바라보는 것 아니겠는가.

그럼 왜 이토록 괴로운 인생길 위에 우리는 서 있는 것일까? 그것은 바로 '나'라고 하는 존재가 생명을 가지고 이 세상에 태어났기 때문이다. 아버지 반쪽 어머니 반쪽으로부터 새로운 생명을 부여받아 이 땅에 태어났으므로, 더러는 눈물도 흘리며 살아가는 것이다. 이 땅에 태어난 것을 많은 이들이 축복해 주지만, 실은 그 사랑의 결실에는 많은 아픔과 고통을 동반한다.

그럼, 왜 태어나게 된 것일까? 어떻게 해서 탄생이 이루어진 것일까? 살펴보니 '씨앗'이 있더라는 것이다. 그냥 씨앗이 아니라, 업(業)을 가진 상태의 존재(씨앗)다. 사과나무에 사과가 열리고, 그 속에 사과 씨앗이 있는 것과 마찬가지다. 밤나무에 밤이 열리고 밤송이 안에 밤이 들어 있는 것과 같다.

이렇게 나무에도 종류마다 씨앗이 있는 것과 같이, 인간에게도 각기 종자가 되는 업의 씨앗이 있다. 그것을 자세히 찾아보니 아버지의 씨앗과 어머니의 씨앗이 결합함으로써 탄생이 있었다. 그 종자 씨앗을 불교 용어로 '유(有)'라고 한다. 내가 선택한 인연의 소산이 바로 '유'인 셈이다.

그럼, 그 씨앗은 어떻게 생겨났을까? 아버지와 어머니가 서로를 원하여 취했기 때문이다. 서로의 결합이 나라고 하는 새로운 '씨앗'을 만들었다. 말하자면 상대를 원하여 서로를 취(取)한 결과물이다. 서로에 대한 애착으로 인해 내가 만들어지게 되었다. 그럼 두 사람은 왜 서로를 원하게 되었을까? 사랑했기 때문이다. 사랑해서 원하고 아이가 생겼다. 두 사람은 어떻게 해서 사랑에 빠졌을까? 우선 서로에 대한 '느낌'이 좋았을 것이다. 좋고 싫고의 감정이 모두 이 느낌에서 비롯된다. 느낌이 좋아야 또 만나고 싶은 생각이 들고 자주 봐야 정도 쌓일 테니, 일단은 기분이 좋아지는 느낌이었을 것이다. 모든 욕망에 대한 갈증은 다 이 '좋은 느낌'에서 온다.

그럼, 두 사람은 어떻게 좋은 느낌이 들었을까? 접촉[觸]을 통해 들어오는 마음 작용이 좋게 유지되어서다. 외모가 맘에 들었거나 목소리가 좋았거나 향기가 좋았거나 첫인상이 좋았을 수도 있다. 어머니에게 아버지를 처음 만났을 때 어땠는지 물어보면 남자다워서 좋았다고 말하기도 있고, 아버지에게 물어보면 잘 챙겨줘서라고 대답하기도 한다. 이처럼 좋은 느낌을 받아들이려면 접촉이 필요하다. 대상과의 접촉이 느낌을 만들어낸다.

그럼, 그런 좋은 느낌의 접촉은 어떻게 일어나는가? 우리의 몸과 마음을 통해 일어난다. 무엇이든지 '안·이·비·설·신·의'라고 하는 여섯 가지 감각기관, 곧 육근(六根)을 통해 들어오는 접촉이 있어야만 느낌이 일어난다. 인식이 일어나는 여섯 곳을 육처(六處)라고 하고, 느낌이 들어온다고 하여 육입(六入)이라고도 한다.

그럼, '안·이·비·설·신·의'라고 하는 감각기관은 어디에서 왔을까? 정신적 요소와 물질적 요소가 결합한 것, 명색(名色)이라 부르는 것에서 왔다. 이름이 있고, 형상이 있고, 생명이 있는 존재와 물질을 말한다. 명(名)은 이름 붙인 것들, 무형의 물질을 말하고, 색(色)은 사대(지·수·화·풍)로 이루어진 생명 있는 존재를 가리킨다.

그럼, 생명이 있는 존재들은 어디에서 왔는가? 식(識)에 의해서 생겨났다. 이 식은 자신이 쌓아온 온갖 업과 습관들을 여러 생에 걸쳐 운반하는 역할을 한다. 예를 들면 과거에 만든 나의 업식(業識)이 현재와 미래의 내 행동에 영향을 끼치게 되는 것이다. 씨앗이 만들어지기 전에 지은 업들이 무명과 행에 의해 다시 생사의 길로 들어서게 만든다. '나'라고 하는 것이 이때 식으로서 만들어진다. 쉽게 말해 분별하는 마음의 시작인 동시에 인간의 시작이다. 그래서 불교에서는 창조주나 절대자의 존재를 인정하지 않는다. 연기의 법칙에 의해 식이 형성되어 인간이란 씨앗이 뿌려진다고 생각하기 때문이다.

그럼, 그 식은 어떻게 만들어졌을까? 자신의 행으로 업(業)이 만들어졌다. 무명으로 지은 좋고 나쁜 온갖 업에 의해서 형성된 본능적인 움직임, 바로 행(行)이 있었기 때문이다. 예를 들어 자신도 모르게 어떤 여인을 좋아하게 되었다. 그 여인을 만나고 싶어 용기를 내어 찾아갔다. 그날 이후에 얽어진 인연들을 생각해 보자. 그때 거기서 만나지 않았더라면 결혼하지 않았을 테고, 지금 이렇게 살지 않았을 텐데, 라고 생각하는 경우와 같다.

이와 같이 세상에 존재하는 모든 것은 조건에 의해 형성된다. 그것들이 자꾸만 쌓여서 업을 만들고 습관을 만든다. **사고방식도, 습관도, 업도 모두 조건이 결과를 만들고, 그 결과가 다시 생각하고 말하고 행동하게 만들어 새로운 결과를 도출하는 방식이다.**

가끔 놀라운 재능을 지닌 아이들을 볼 때가 있다. 어떤 아이는 가르쳐준 적이 없는 피아노를 연주하고, 노래를 부르기도 하며, 어린 나이답지 않게 독특한 행동을 하는 경우가 있다. '우리 식구 중에는 이런 사람이 없는데 얘는 왜 그러지?'라며 놀라워한다. 이것은 오래전부터 자신이 쌓아온 업의 흔적이 남아 있기 때문이다. 나도 모르게 자신의 '행'을 통해 다시 업이 활성화되는 것이다. 과거에 지은 모든 선악의 업보가 본능적으로 활성화되는 움직임이 바로 '행'이다.

그럼, 그 행은 어디서 나왔을까? 알 수 없는 '무명(無明)'으로부터 왔다. 무명은 없을 무(無)에 밝을 명(明) 자를 써서 밝음이 없는 것이라는 뜻이다. 즉, 근본 무지를 말한다. 이것을 원인으로 해서 저것이 생겨나고, 저것을 원인으로 해서 이것이 소멸하게 되는 이치, 만들어낸 결과물을 바탕으로 해서 또 다른 것을 만들어낸다는 이치에 대해 모르는 것을 말한다. 이러한 연기의 법칙에 의해 과거에 쌓아온 업들이 있는데, 그 업이 내게 주는 영향을 모르는 것이다. 세상을 파악하는 원리를 모르고 내가 그렇게 수없이 많은 생을 거쳐 이렇게 살아왔으나 자기 삶에 대해서는 모르는 것을 '무명'이라 한다.

다시 말해, 존재의 본성에 대해 알지 못해서 무명이 생겼다는 이야기다. 이것을 '근본무명'이라고 한다. 즉 연기를 알지 못하고, 삼법인(三法印)을 알지 못하고, 사성제를 알지 못해서 밝지 못하다. 따라서 자신과 세상의 실체에 대한 지혜가 없기 때문에 잘못된 행동을 야기하고, 실상에 대한 무지 때문에 부정적인 마음 상태, 부도덕한 태도를 갖게 된다. 깨닫기 전까지는 평생 그렇게 업보에 휘둘리고, 무의식 속에서 수시로 튀어나오는 무명에 의해 마음이 일어난다. 거기서 생사의 수레바퀴가 생기며, 무명에 가려 윤회에서 벗어나지 못하고 돌고 돌게 된다. 여기까지가 부처님께서 발견하신 깨달음의 세계, 연기법이다.

부처님은 보리수 아래에서 연기를 처음부터 끝까지 빈틈없이 관찰하여 깨달음을 얻으셨다. 밝지 못해 생긴 '어두운 어리석음'에서 업에 의한 '형성'이 이루어지고, 형성에서 '의식 작용'이 생기며, 의식 작용에서 '이름과 형상'이 생기고, 이름과 형상에서 여섯 가지 '감각기관'이 생기며, 감각기관에서 '접촉'이 생기고, 접촉에서 '느낌'이 생기고, 느낌에서 '갈애'가 생기며, 갈애에서 '집착'이 생기고, 집착에서 '존재'가 생기며, 그 존재가 태어나 '늙음과 죽음'으로 이어진다.

지혜로써 철저하게 꿰뚫어 보고 선명하게 볼 수 있는 훌륭한 방

무명
(無明)

⬇

행
(行)

⬇

식
(識)

⬇

명색
(名色)

⬇

육입
(六入)

⬇

촉
(觸)

⬇

수
(受)

⬇

애
(愛)

⬇

취
(取)

⬇

유
(有)

⬇

생
(生)

⬇

노사
(老死)

법이 무엇이냐고 묻는 장자(長者)에게 부처님께서 말씀하셨다.

"이것이 있으면 저것이 있고, 이것이 없으면 저것이 없다.

이것이 일어나면 저것도 일어나고,

이것이 소멸하면 저것도 소멸한다.

이러한 연기의 도리가 바로 나의 거룩한 제자가

진리를 철저하게 꿰뚫어 보고 선명하게 보는 훌륭한 방법이다."

- 『쌍윳따 니까야』 12

모든 것이 의존적으로 발생한다는 이 연기의 법칙이야말로 부처님께서 깨달은 내용의 핵심이며, 세상을 꿰뚫어 선명하게 보는 방법이다.

삶의 격은
업으로 결정된다

잠시 앞으로 돌아가 보자.

앞에서 설한 '무안계 내지 무의식계(無眼界 乃至 無意識界)'는 눈의 경계도 없고 의식의 경계까지도 없다는 말이다. 그러니까 안·이·비·설·신·의에 대응하여 들어오는 모든 경계가 색·성·향·미·촉·법인데, 육근과 육경이 만나 일어나는 것이 육식이고, 이 세 가지를 총괄하여 십팔계라고 말한다.

눈으로 봤을 때, 내 눈앞에 보이는 것이 들어와서, '아, 저 사람은 저렇게 생겼구나', '아, 저 물건은 저렇게 생겼구나'라고 뇌가 또는 의식이 작용하는 그것을 식이라고 한다. 그래서 안식, 이식, 비식, 설식, 신식, 의식의 여섯 가지 식이 생긴다.

이것은 외울 필요도 없다. 안·이·비·설·신·의를 통해서 들어오면 자연적으로 식이 생기고, 나중에 업이 생기기 때문이다. 『반야심경』에서는 그것들까지 포함해서 자세히 설명해 주고 있다.

자, 이쯤에서 다시 정리해 봐야겠다. 육신의 여섯 가지 감각기관이 안·이·비·설·신·의이다. 우리 몸은 이 여섯 개의 감각기관인 '육근'을 통해서 외부의 정보를 받아들인다. 그 대상 경계가 색·성·향·미·촉·법이다. 이 외부 정보를 인식 대상이라고 하는데, 인식 대상을 '육경'이라고 표현한다. 그리고 육근과 육경이 합해져서 이것을 '십이처'라고 하고, 십이처 이후에 생기는 의식들, 그러니까 육근과 육경이 만나서 만들어내는 인식 활동을 '육식', 안식·이식·비식·설식·신식·의식이라고 한다. 또 육근과 육경과 육식을 합해서 '십팔계'라고 하는데, 이 모든 것들은 공의 이치로 보면 고정된 것이 아무것도 없다는 이야기를 여기서 강조하는 것이다.

육근 (여섯 개의 감각 기관)		육경 (여섯 개의 인식 대상)		육식 (여섯 개의 인식 활동)
안근	+	색경	=	안식
이근	+	성경	=	이식
비근	+	향경	=	비식
설근	+	미경	=	설식
신근	+	촉경	=	신식
의근	+	법경	=	의식

『반야심경』을 시작할 때, '오온이 공한 것을 비추어 보고, 온갖 고통에서 건너느니라', 이렇게 이야기했다. 오온이 공하다는 것을 알아야 우리가 고통에서 벗어날 수 있다는 이야기를 앞에서 했다. 색불이공(色不異空), '색이 공과 다르지 않다'를 말하고, 그다음에 색즉시공(色卽是空), '색이 곧 공'이라고 말했다. 말하자면, 색이라고 하는 어떤 형상, 그 모습을 해체해서 그것이 만들어진 인연의 조합을 이해하고, 거기에서 공성(空性)을 발견하게 되는 구성이다.

그다음에는 내용이 뒤집힌다. 이 정도 공부했으니, 이제는 색이 아닌 공의 입장에서 바라보라는 주문이다. 공의 자성에서 색과 이 세상의 모든 것들을 보니 어떠한가 말이다. 처음에 말했던 '오온이 공하다'는 것을 가만히 들여다보면, 이제 그조차도 없다고 이야기한다. 공은 자연스러운 인연 조합의 원인이면서 결과다. 언제든 인연은 달라지기 마련이고, 다른 조합과 다른 결과를 만들어낼 수 있으니, 영원한 것이 없다. 따라서 지금 내 눈앞에 있는 형상[色]은 본래의 입장에서 보면 있기도 하고 없기도 하다. 애초에 무(無)였다는 뜻이다. 여기서부터 '무'라는 단어가 계속 나온다. 공 가운데는 그 어떤 것도 들어 있지 않다는 말이다. 이 말은 또한 무엇도 들어 있지 않은 것이 없다는 의미이기도 하다.

그래서 '색·성·향·미·촉·법도 없다', '안·이·비·설·신·의도 없다' 한다. 오온이 공하다는 것을, 공의 근본 자리에서 봤을 때를 기준 삼아 다루고 있다. 다음에 이어지는 문장도 마찬가지다. 십이연기를 말하는데, 공의 근본 자성의 입장에서 봤을 때는 이 십이연기조차도 없다고 이야기한다. 십이연기를 부정하며, 일어났다가 사라지는 모든 것을, 공의 입장에서는 다 실체가 없다고 강조하는 내용이다. 이 짧은 경전 안에서 수행의 계위만큼 점차 수준이 높아지고 있음을 발견할 수 있다.

> 무명도 무명이 다함까지도 없으며,
>
> 늙고 죽음도 늙고 죽음이 다함까지도 없고
>
> 無無明 亦無無明盡(무무명 역무무명진)
>
> 乃至 無老死 亦無老死盡(내지 무노사 역무노사진)

공의 입장에서 봤을 때 오온이 다 공하고, 아무것도 없다고 이야기했다. 우리 몸을 이루는 것이 오온이고, 그것을 해체해 봤을 때 육근이 나오고, 거기에 해당하는 인식 대상으로서 색·성·향·미·촉·법도 나왔다. 그리고 거기에서 얻어지는 모든 것이 공의 입장에서 봤을 때는 한시적으로 모였다 사라지는 것이기 때문에 공의 입장에서는 있다고 할 수가 없다. 그러니까 앞에서는 색의 입장, 즉 현상에서부터 분석했다. 이번에는 계속해서 공의 입장에서 파헤친다. 오온이라고 할 만한 것이 아무것도 없다는 이야기다.

그다음이 부처님께서 이야기하신 연기다. '부처님께서 무엇을 깨달으셨습니까?'라고 물으면, 대부분의 사람이 '연기를 깨달았다', 이렇게 알고 있다. 그리고 연기에 대해 '이것이 있으므로 저것이 있고, 저것이 있으므로 이것이 있다', 이렇게 대표적인 명제로써 설명을 해드리는데, 그것을 간략하게 풀어서 알려주는 것이 십이연기다.

무명·행·식·명색·육처·촉·수·애·취·유·생·노사. 이 십이연기조차도 맨 처음에 나오는 무명에서부터 맨 끝에 나오는 노사까지 전부 다 없다고 한다. 왜일까? 공의 입장에서 봤을 때는 모든 연기의 법칙, 즉 자연적으로 어떤 업을 통해서 만들어진 것부터 죽음에 이르기까지 모두가 공성을 지니고 있다는 말이다. 한시적으로 결합한 것들이 어떤 결과물을 만들어내지만, 원인이 되는 것조차 없다. 죽음에 이르는 모든 것도 다시 무언가의 씨앗이 되기는 하지만, 그 모든 것들도 공의 논리로 보면 없다고 말한다.

무무명(無無明)!

우리가 무명에 대해 설명할 때, 보통 존재의 본성에 대한 무지라고 말한다. 하지만 존재의 본성에 대한 무지, 이러면 말이 너무 어렵다.

무명은 없을 무(無), 밝을 명(明)이다. 그러니까 밝음이 없다는 뜻이다. 말하자면 불빛이 있어서 우리가 서로를 알아보는 것인데, 불빛이 없고 깜깜한 곳에 혼자 있다고 생각해 보자. 뭘 볼 수도 없고, 알 수도 없다. 그러나 깜깜해서 아무것도 알아볼 수 없는 상태에서도 우리는 행동할 수 있다. 이렇게 나도 모르게 하는 행동은 습관의 힘으로 나온다. 그것이 바로 업이다. 무명이라는 것은 나도 알지 못하는 업의 무게다. 그러니까 어떤 업이 만들어졌는지도 모르고, 또한 그 업의 실체까지도 없다고 보는 것이다. 수많은 인연 속에서 일어나고 만들어진 모든 업이 전부 공이라는 의미다. 무명이란 그런 것이다.

노사(老死)도 마찬가지다. 공의 입장에서 보면 늙고 죽음도 다 고정된 것들이 아니어서 없다고 본다. 『반야심경』에서는 부처님께서 말씀하신 연기의 법칙 또한 없는 것이라고 설한다. 우리는 연기의 원리를 감탄하면서 그게 다 이치에 들어맞는다고 생각하는데, 부처님께서는 그조차도 다 공한 것이며, 나아가 아무것도 없다고 이야기한다. 깨달음의 세계 또한 어떠한 틀로써 해석하려 하면 안 되는 이유이다.

2

역경에서 배우며 산다 - 사성제

無苦集滅道 無智亦無得
무 고 집 멸 도 무 지 역 무 득

고 집 멸 도도 없으며, 지혜도 얻음도 없느니라.

언어가 곧 그대로 큰 도다.
번뇌를 끊어 없앨 필요가 없다.
번뇌는 본래로 공적하지만
망령된 생각들이 서로 얽혀 있다.

– 「대승찬」

마음을
옭아매는 것부터 제거

'나는 왜 이렇게 살아왔을까?'

'나는 이렇게밖에 살 수 없는가?'

가끔은 궁금하다. 인생이 불행해서가 아니다. 모든 것에는 이유가 있다고 보기 때문에 궁금하다. 결과를 받아들이면서도 모든 것에는 원인이 있으므로, 그 원인을 찾고, 다시 그 원인의 원인을 찾는다. 질문과 분석이 원인을 찾게 만드는 것이다.

질문을 계속하다 보면 답을 찾기 쉬워진다. 그런데 질문을 잘못하면 일이 더 꼬이고 만다. 질문에 과도한 감정이 들어가면 망치는 격이다. 그런 의미에서 마음의 잡동사니를 다 버려버리면 홀가분해진다. 질문 또한 바른길을 찾아가되 자유로워진다. 그렇게 인생의 바른 질문과 결과를 알려주는 것이 고(苦)·집(集)·멸(滅)·도(道), '사성제(四聖諦, 네 가지 성스러운 진리)'의 가르침이다.

고성제(苦聖諦)는 말 그대로 우리가 겪는 괴로움이다. 맞닥뜨리기 힘든 것, 마주하기 힘든 고통을 말한다. 부처님은 괴로움의 진리인 고제(苦諦)에 대해 여덟 가지 고통을 다음과 같이 설하셨다.

비구들이여, 괴로움의 성스러운 진리는 이와 같다.
태어나고 늙고 병들고 죽는 것은 괴로움이다.
싫은 것과 싫은 사람과 만나는 것도 괴로움이고,
좋아하는 사람과 헤어지는 것도 괴로움이며,
원하는 것을 얻지 못하는 것도 괴로움이다.
집착의 대상이 되는 모든 오온이 다 괴로움이다.
- 『쌍윳따 니까야』 6권

부처님이 말씀하신 괴로움의 종류를 다시 정리하면 다음과 같다.

1. 태어남의 고통[生苦]: 생명이 시작되면서 겪게 되는 괴로움
2. 늙음의 고통[老苦]: 세월이 흐름에 따라 몸이 변하고 무상함
   을 느끼며 알게 되는 괴로움
3. 병듦의 고통[病苦]: 병이 들어 통증을 느끼는 괴로움

4. 죽음의 고통[死苦]: 죽음에 대한 두려움이 주는 괴로움

5. 원증회고(怨憎會苦): 싫어하는 사람과 함께해야 하는 괴로움

6. 애별리고(愛別離苦): 사랑하는 사람과 헤어지게 되는 괴로움

7. 구부득고(求不得苦): 아무리 갖고 싶어도 원하는 만큼 얻지 못하는 데서 오는 괴로움

8. 오온성고(五蘊盛苦): 색·수·상·행·식의 오온에 집착함으로써 생기는 괴로움

집성제(集聖諦)는 괴로움의 원인이다. 모든 괴로움에는 원인이 있음을 의미한다. 인간은 스스로 생각하고 결정하는 존재인데, 그 결정을 내린 데에는 반드시 원인이 있다는 말이다. 사랑에도 원인이 있고, 미움에도 원인이 있다.

예전에 톰 행크스가 나오는 영화 〈다빈치 코드〉를 본 적이 있다. 거기에 배우 폴 베타니가 살인 기계인 사일러스 역으로 나오는데, 극 중에서 채찍으로 자신의 몸을 때리는 장면이 나온다. 몸이 곧 욕망의 근원이며, 죄를 만들어낸다며 스스로를 학대하는 것이다. 그 장면이 몹시 충격적이었다. 나는 출가자인데도 몸을 애지중지하는 편이라, 자신에게 채찍을 가하는 수사의 모습을 이해하기 어려웠기 때문이다.

비구들아, 괴로움의 발생이라는 진리가 있다.

과보를 일으키고 희열과 탐욕을 동반하고

모든 것에 집착하는 갈애.

그 갈애가 바로 원인이다.

- 『디가 니까야』 22권

아무튼 원인을 찾아 그것을 제거하기 위해 노력하는 건 어느 종교에서나 마찬가지가 아닌가 싶다. 유일신을 믿는 종교의 경우엔 신에게 의지할 테고, 불교의 경우엔 자기를 돌아보며 행위의 원인을 찾을 테니 말이다. 그렇게 원인을 찾아내는 것이 바로 집성제의 설정 이유이다. 그리고 불교에서는 그 원인을 갈애를 바탕으로 한 탐(貪)·진(瞋)·치(癡)에서 찾는다.

　탐·진·치의 근원은 바로 자기 자신이다. 좋아하는 것을 가지고 싶은 것이 탐심(貪心)이다. 싫어하는 것을 자신에게서 밀어내는 것이 화[瞋心]이다. 탐심은 끌어당기는 것이요, 진심은 밀어내는 것이다. 그리고 반대 성향의 두 욕구는 자기중심적인 생각에서 일어난다. 그래서 어리석다고 하는 것이다. 이것이 치심(癡心)이다. 이 세 가지가 우리를 해치는 독이라 하여 불교에서는 이것을 '삼독(三毒)'이라고 한다.

삼독(三毒)	우리를 해치는 세 가지 독
탐(貪)	식욕, 성욕, 재물욕, 명예욕, 수면욕
진(嗔)	무명(無明)에 뿌리를 두고 만들어진 '화'의 감정
치(癡)	내가 존재한다는 생각에서 비롯된 어리석음

부처님의 가르침은 마음가짐이 90퍼센트를 차지한다. 마음의 잡동사니를 다 제거하고 정리하면 편안해진다. 괴로움을 없애는 방법은 말로 하면 참 쉽다. 그냥 비우면 된다. 쓸데없는 망상은 버리면 된다. 그렇게 마음의 잡동사니를 다 버리고 나면 인생이 달라진다. 그 방법을 제시하는 것이 멸성제와 도성제이다.

멸성제(滅聖諦)는 괴로움의 소멸에 관한 진리를 말한다. 멸성제는 아픔의 원인을 다 제거했을 때 도달할 수 있는 고요하고 안온한 최상의 상태, 적정(寂靜)의 상태인 '열반'을 말한다. 촛불을 훅 불어서 끈 것처럼, 활활 타는 모든 번뇌를 완전히 꺼버린다는 의미를 가졌다. 이 '열반'의 성취야말로 불교에서 추구하는 가장 이상적인 상태이다. 즉, 마음의 잡동사니를 다 정리하고 버린 상태가 바로 괴로움의 소멸 상태다.

그럼, 마음을 어떻게 정리해야 할까? 그 방법을 알려주는 것이 도성제이다.

도성제(道聖諦)에 관해 부처님께서는 "괴로움의 소멸로 이르는 길에 대한 거룩한 진리는 이와 같다. 그 길은 바로 여덟 가지 바른길"이라고 하셨다. '도성제'라고 하는 것은 삶에서 괴로움을 없애는 방법, 곧 '멸성제'로 가기 위한 방법이다. 그 길에는 여덟 가지가 있다.

바른 견해, 바른 생각, 바른말, 바른 행동, 바른 생활수단, 바른 정진, 바른 마음챙김, 바른 집중이 그것이다. 괴로움의 원인을 알았고, 그 원인을 없애고 난 다음의 상태를 알았고, 그다음에 그 원인을 없애는 방법에 대해 이야기한다. 이것을 불교에서는 '팔정도(八正道)'라고 한다. 부처님이 가르쳐주신 마음 정리를 위한 노하우, 그것이 바로 팔정도이다.

마음의 잡동사니를 다 제거하고 정리하면 편안해진다. 그런데 더 중요한 것이 있다. 지저분한 것들을 정리하고 나면 다시 어지럽히지 않아야 한다. 그럴 수 있을까? 사실 쉽지 않은 일이다. 아무리 열심히 정리해도 어지럽히는 것은 순식간이기 때문이다. 그래서 팔정도는 꾸준히 멈추지 않고 이어가야 한다. 그렇게 늘 조심스럽게 살아야 옭매임으로부터 벗어날 수 있기 때문이다.

사성제	네 가지 성스러운 진리		
고성제 (苦聖諦)	괴로움에 대한 진리	사고팔고 (四苦八苦)	상황 직시
집성제 (集聖諦)	괴로움의 원인에 대한 진리	삼독(三毒)	원인 파악
멸성제 (滅聖諦)	괴로움의 소멸에 관한 진리	열반(涅槃)	목표 확인
도성제 (道聖諦)	괴로움의 소멸(열반)로 이르는 길에 대한 거룩한 진리	팔정도(八正道)	실천

부디 경계하렴,
부디 벗어나렴!

고 집 멸 도 도 없으며

無苦集滅道(무고집멸도)

『반야심경』은 계속해서 공 가운데는 아무것도 없다고 말한다. 고·집·멸·도도 없고 지혜도 얻음도 없다. 무(無) 자가 많이 나온다고 당황할 것 없다. 그래야 맞다. 공의 논리로 보면 조건이 결합하여 만들어내지 않는다면 뭔가 만들어낼 리가 없다.

'고·집·멸·도도 없으며 지혜도, 얻음도 없느니라.' 이제는 수준이 조금 더 높아졌다. '불교의 네 가지 성스러운 진리조차도 공의 눈으로 보면 아무것도 없다'고 한다. 공의 입장에서 보면 고의 원인에서부터 해결 방도까지 다 없다고 한다. 무언가를 얻고자 하는 것 자체가 욕망의 세계에 머문 것이기 때문에, 부처님께서는 그것조차도 부정한 것이다. 일체 걸림이 없는 경지, 공의 자성을 『반야심경』을 통해서 확인할 수 있다.

앞에서는 색의 입장에서, 그다음에는 공의 입장에서, 그다음에는 부처님의 진리조차도 모두 다 없다고 한다. 다 타파하고 떠나야 한다는 말이다. 『맛지마 니까야』 22권에 '뗏목의 비유'가 나온다.

부처님께서 말씀하셨다.
"비구들이여, 소유하여 가질 목적이 아니라, 강을 건너기 위한 목적인 뗏목에 비유하여 가르침을 그대들에게 설하겠다. 어떤 이가 여행을 하는데 크고 넓은 강물을 만났다. 그런데 그가 있는 쪽은 위험하지만, 건너편 언덕은 안전했다. 그러나 저쪽으로 넘어가는 다리도 배도 없었다. 여행자는 생각했다. '갈대나 나뭇가지, 나뭇잎들을 모아 뗏목을 만들어 건너가면 어떨까?' 그리하여 그는 무사히 강을 건넜다. 강을 건넌 그는 '이 뗏목은 나에게 도움이 되었다. 나는 이 뗏목에 의지하여 손과 발의 힘으로 무사히 이 언덕에 도착했다. 이제 나는 이 뗏목을 어떻게 할까? 머리에 이거나 어깨에 짊어지고 내가 가고 싶은 곳으로 갈까?' 하고 생각했다. 자, 그대들은 어떻게 생각하는가? 뗏목을

짊어지고 가는 것이 그가 취해야 할 뗏목에 대한 바른 태도라고
생각하는가?"

"아닙니다, 세존이시여!"

제자들이 아니라고 대답하자 부처님께서 어떤 게 바른 생각인
지 가르쳐주셨다.

"강을 건넜다면, '이 뗏목은 나에게 큰 도움이 되었다. 나는 이
뗏목에 의지하여 손과 발의 힘으로 저 언덕에 무사히 도착하였
다. 이제 이 뗏목을 마른땅으로 끌어 올려 두든지, 아니면 물속
에 침수시키고 내 갈 길을 가야겠다.' 이렇게 생각하는 것이 뗏
목에 대한 바른 태도이다. 그러므로 나는 그대들에게 소유하여
가질 목적이 아니라, 강을 건너기 위한 목적인 뗏목에 비유하여
가르침을 설한 것이다. 가르침이란 뗏목과 비슷하다. 이것을 안다
면, 좋은 것에 집착하는 것도 버려야 하거늘 하물며 나쁜 것들이야
말할 필요가 있겠는가!"

우리가 뗏목을 타고 강을 건넜으면 그 뗏목을 놓고 가야지, 뗏목을
메고 갈 필요가 없는 것처럼 부처님 말씀에조차 걸려서는 안 된다는
이야기를 여기 『반야심경』에서 하고 있다.

오온의 실상이 공임을 깨달아 괴로움이 사라진 사람에게는 부처

님의 가르침인 연기도, 사성제도 공함에 지나지 않는다. 중생에게는 소중한 가르침일지 모르나, 깨달은 이는 자성이 없음을 알기 때문에, 그 어떤 것도 장애가 되지 않는다. 그러므로 '무'라 한다.

불가능한 것의 가능성

칼을 갈 때는 숫돌을 쓰고
화살을 바로잡을 때는 불에 구우며
재목을 다룰 때는 도끼를 쓰고
자신을 다룰 때는 지혜를 써야 한다.

어떤 사람이 게으르다가도
스스로 마음을 거두어 잡으면
구름 걷혀 나타나는 달과 같이
세간을 밝게 비추리라.
　－『잡아함경』제38권

1

해골바가지 안의 깨달음

以無所得故 菩提薩埵 依般若波羅蜜多故
이 무 소 득 고 보 리 살 타 의 반 야 바 라 밀 다 고

얻을 것이 없는 까닭에
보살은 반야바라밀다를 의지하므로

해골바가지 안의
깨달음

얼마 전 조간신문을 펼쳐 드니, 1면에 대단한 사람이 죽었다고 기사가 실렸다. 나이는 89세. 기사를 읽으며 '인간이 제아무리 대단해도 백 년을 못 사는구나' 싶은 생각이 들었다. 인생 선배나 어른들로부터 대체로 비슷한 말을 종종 듣는다. 즉 집착과 소유욕으로 치열하게 살았던 지난 생을 돌아보는 나이가 되면, 다 필요 없다고! 나이를 먹으면 잘난 사람과 못난 사람도 비슷해지고, 잘생긴 사람과 못생긴 사람도 똑같아진다고 말이다. 세월이 모든 것을 덮어버린다는 것이다. 생을 다 살고 나면 그제야 비로소 이해하게 된다는 말씀, '인생은 그저 무상할 뿐'이라고 한다. 그렇다고 후회만 하며 인생을 마무리할 수는 없지 않은가?

영국의 시인 윌리엄 워즈워스(William Wordsworth)의 「초원의 빛

〈Splendor in the Grass〉」이라는 시가 있다.

한때는 너무나도 찬란했던 광채가
이제는 영원히 사라진다 해도
초원의 빛이여, 꽃의 영광이여
그 시간이 다시 올 수 없다 하더라도,
우리는 슬퍼하지 않고, 오히려
남겨진 것들에서 힘을 찾으리라.
지금까지 있어 왔고 영원히 함께할
근원적인 공감 속에서,
인간의 고통 속에서 문득 샘솟아
위로가 되는 생각 속에서,
죽음 사이로 보이는 신념 속에서,
지혜롭게 만들어준 세월 속에서.

What though the radiance which was once so bright
Be now for ever taken from my sight,
Though nothing can bring back the hour
Of splendour in the grass, of glory in the flower;

We will grieve not, rather find

Strength in what remains behind

In the primal sympathy

Which having been must ever be;

In the soothing thoughts that spring

Out of human suffering

In the faith that looks through death,

In years that bring the philosophic mind.

다시 힘을 내자고 시를 읽으며 고개를 주억거렸다. 역시 지혜가 있어야 한다는 것을 다시 한번 떠올리며 몇 번이나 되짚어 읽어보았다. 삶의 모든 것들이 지혜를 바탕으로 이루어져야 마땅하다. 지혜롭지 못하면 자비 또한 제대로 행할 수 없다. 그래서일까? 『반야심경』은 오직 '지혜'만을 강조해서 말한다. 특히, 오온이 공한 것을 아는 지혜 말이다.

불자가 아니어도 누구나 다 알 법한 이야기를 하나 꺼내보자. 원효(元曉, 617~686) 대사의 '일체유심조(一切唯心造)' 이야기다. 한국불교 역사상 가장 위대한 승려로 알려진 원효 대사는 의상(義湘, 625~702)

대사와 함께 불법을 배우기 위해 당나라 유학길에 올랐다. 그런데 마침 배를 타야 할 시기에 태풍이 몰아쳐 발이 묶였다. 오도 가도 못하는 상황에 날이 어두워지자, 두 스님은 둥글게 파인 어느 굴로 들어가 비를 피했다. 날은 어둡고 앞은 보이지 않는 그곳에서 겨우 몸을 웅크리고 잠을 청했다.

그러다 잠에서 깼는데 갈증이 난 원효 대사는 주위를 더듬거리다가 바가지에 물이 담긴 것을 발견하고, 시원하게 물을 들이켜고는 노곤하여 다시 단잠에 빠졌다. 날이 밝아 깨어보니, 자신이 간밤에 마신 시원했던 물은 해골바가지에 고인 물이었다. 그 사실을 알게 되자 갑자기 속이 뒤집어져 구역질이 났다. 구역질하던 원효 대사에게 문득 한 생각이 스쳤다. '간밤에는 그토록 달고 시원했던 물이 어찌하여 오늘은 이렇게 구역질이 나는 것일까?' 원효 대사는 그때 홀연히 깨달았다고 한다. '아! 경계라는 것은 다 내가 만든 것이지, 본래 그 어떤 것에도 더럽고 깨끗함이란 건 없는 것이로구나. 모든 것은 마음이 만든 것이로구나.' 이렇게 모든 것이 마음 작용임을 깨달은 원효 대사는 당나라 유학길을 접고 다시 신라로 돌아가 교화를 펼치기 시작했다. 저 멀리 외국까지 굳이 건너가서 더 이상 구할 것이 없다고 생각했기 때문이다.

『반야심경』의 다음 대목에서는 '얻을 것이 없는 까닭에 보살은 반야바라밀다를 의지한다'고 하였다. 얻을 것이 없다! 원효 대사처럼 해골에 담긴 물 한 바가지에 만물이 공한 줄 알면, 모든 것들의 생성원리를 알아 더 이상 얻을 것이 없어진다. 부처님은 하다못해 강을 건넌 뗏목에 비유하여 당신의 가르침조차도 내려놓으라고 말씀하셨다. 하물며 무엇을 버리지 못할까. 부처님은 이로써 더 이상 바랄 것도 얻을 것도 없는 경지에 이르도록 이끌어주신다.

앞에서는 연기도, 사성제조차도 다 없으며, 지혜랄 것도 없으며, 얻을 것도 없다고 했다. 생각해 보면 지혜를 얻고자 노력하는 것은 중생의 개념에 불과하다. 깨달음의 언덕에서 바라보면, 더 이상 얻을 것도 없다는 것이다.

다만 겉으로 보기에는 깨달은 이의 삶도 보통 사람이 누리는 평상시와 똑같다. 그러나, 같은 모습으로 보여도 그 내용은 다르다. 신발이 발에 딱 맞으면 신발을 신었다는 의식이 일어나지 않듯이, 삶이 괴롭거나 노여울 일이 없다. 얻을 것도 버릴 것도 없다. 하지만 신발이 지나치게 크거나 작으면 발에 계속 신경이 쓰이는 법이다. 작은 모래 몇 알만 들어가도 불편하고 짜증이 나는 것과 같다. 이 세상 모든 일이 그러하다. 딱 알맞아야 의식하지 않고 잊어버릴 수 있다.

이와 같이 분별심이 없는 이의 삶은 신발을 신고 있어도 걸릴 것이 없기에 모든 것을 자연스럽게 받아들인다. 남들과 똑같이 평범한 인생을 살아도, 인생이 무상한 줄 알면 슬픔도 덜하고 괴로움도 덜한 것과 같다. 그냥 겉으로 볼 때 평범해 보일 뿐이다. 다만 인생을 어떻게 살아야 할지 열쇠를 쥔 사람은 뭐가 달라도 다르다는 점! 즉 분별할 것이 하나도 없는 대자비의 원만한 삶을 살아간다.

옳은 것도 자꾸만 추구해 나가다 보면 그 끝에선 반드시 그른 것을 만나게 된다. 하지만 옳고 그름까지도 초월한 경지에 이르게 되면, 선조차 추구할 것이 없게 된다. 중국 당나라 때의 영가 현각 대사가 지은 「증도가(證道歌)」에 보면 "배울 것도 할 일도 없는 한가한 도인은 망상을 없애려 하지도 않고 진리를 구하지도 않는다(絕學無爲閑道人 不除妄想 不求眞)."는 구절이 있다. 참된 것을 추구하지도 않고 망상을 없애려 하지도 않는다는 것은 결국 이 두 가지를 다 초월했다는 이야기다. 양극단을 모두 벗어난 것, 이것이야말로 중도(中道)의 가르침이다.

마음의 새는
어디로든 날아오른다

나는 취미로 붓글씨를 쓴다. 전서, 해서, 예서, 행서, 초서를 순차적으로 배웠다. 그 덕에 지금은 필체를 조금씩 흉내 낼 정도가 되었다. 글씨를 쓰면 아무런 생각이 안 들고 몰입될 때가 많아서 좋다. 글씨를 쓰는 행위가 마치 마음을 닦는 것과 같아서 내게는 무념(無念)의 상태로 집중하기에는 최적인 것 같다. 그리고 이제야 알았다. 임서(臨書, 좋은 글씨본을 곁에 놓고 따라서 씀)를 아무리 많이 한다 해도 결국 자기만의 서체가 드러나는 법이라는 것을.

그림을 그릴 때도 경전을 볼 때도 마찬가지다. 산문(山門) 앞 게시판에 가끔 그리는 그림 하나도 몰입하면, 그 시간만큼은 망상이 파고들지 않는다. 『반야심경』의 한 구절도 일단 머릿속에 떠올리면 화두를 든 것처럼, 다른 것을 생각할 틈이 없을 때가 많다. 그렇다고 다른 일을 못할 만큼의 집중력이 있는 것은 아니다. 그림도 그저 내가 생각한 스타일대로 그려내고, 경전 구절도 나만의 방식으로 풀어낼 뿐이다. 물론 이 또한 나의 업만 적립하고 있는 것일지도 모른다.

이 이야기를 꺼낸 이유는 인생에서 가장 중요한 것은 '자기 결정권'이라는 것을 말하고 싶어서다. '자기 결정권'이란 스스로 설계한 삶을 옳다고 믿는 방식으로 살아가려는 자신의 의지이자 권리다. 단, 여기에는 반드시 '지혜와 자비'가 동반되어야 한다. 잘못된 생각이나 행동으로 살면서 자기 결정권을 주장하는 것은 악업(惡業)만 짓는 꼴이 되기 때문이다.

『자유론(On Liberty)』을 쓴 존 스튜어트 밀(John Stuart Mill, 1806~1873)의 주장을 읽어보면 이러하다. "사람은 누구든지 자신의 삶을 자기 방식대로 살아가는 것이 바람직하다. 그 방식이 최선이어서가 아니라, 자기 방식대로 사는 길이기 때문에 바람직한 것이다." "개개인의 본성이 마음껏 꽃을 피우기 위해서는, 서로 다른 사람들이 서로 다른 삶을 살도록 허용하는 것이 필수적이다."

자신이 원하는 인생을 살아가려면 스스로 자신의 인생을 설계하고 추진해야 한다. 또한 자신이 옳다는 방식으로 살아가려면 훌륭한 삶, 품격 있는 인생이 어떤 것인지 나름대로 견해를 세워야 할 것이다. 예를 들어, 산수화에는 실제 경치를 그리는 '실경산수'가 있고,

흔히 있을 법한 경치를 그리는 '사경산수'가 있다. 그런데, 이런 유형의 산수화보다 그리는 이가 상상의 나래를 동원하여 이상을 담아 그린 그림을 산수화 중에서는 최고로 친다고 한다. 그러니까 실제 있거나 있음 직한 경치를 그리는 것이 산수화가 아니라, 자신이 바라는 이상향을 담아서 그려내는 경치야말로 진정한 산수화에 해당한다는 것이다.

경전에 지금 딱 필요한 구절이 있다. 『화엄경』에 나온다.

마음은 그림을 그리는 화가와 같아서
갖가지 오온(색·수·상·행·식)을 그려내나니
일체 세간의 모든 것들을
만들지 못하는 법이 없구나.

心如工畫師(심여공화사)
畫種種五陰(화종종오음)
一切世間中(일체세간중)
無法而不造(무법이부조)

모든 것은 마음이 만든다는 내용은 앞에서 이야기한 원효 대사의 해골 물 이야기와도 맥을 같이한다. 산수화 하나에도 보리심을 일으킨 내 마음을 담아서 이상향을 그려내는 것처럼, 우리 인생도 얼마든지 원하는 대로 그려낼 수 있다. 그림을 그리는 것은 우리의 육체와 정신이다. 즉 오온을 부지런히 작동시켜 갖가지 그림을 그려낸다는 사실은 누구라도 다르지 않다. 『화엄경』의 말대로 보면, 실제로 그림을 그리는 이만 화가가 아니라, 인생을 설계하여 하나하나 이루어내는 우리 모두가 화가인 셈이다. 다만 어떻게 그려낼 것인가가 중요할 따름이다.

우리는 모두 자기 결정권을 확실히 가지고 있다. 그렇기에 스스로의 마음도 다스릴 수 있고, 원하는 대로 인생도 바꿀 수 있고, 욕망도 비울 수 있다. 내 마음이 그려내는 대로 인생을 추구할 수 있는 것이다. 나아가 마음속에 새를 그렸다면, 걸림 없이 그 새를 날려 보낼 수도 있으리라 믿는다.

2

갈 길은 멀지만 나답게 삽시다

心無罣碍 無罣碍故 無有恐怖
심 무 가 애 무 가 애 고 무 유 공 포

마음에 걸림이 없고 걸림이 없으므로 두려움이 없어서,

"행복하게 살려면 도를 넘지 말아야 해.
신도 자신도 너무 믿지는 말고.
한쪽으로 치우치면 혼란스러워.
균형을 잃으면 힘도 잃지."
  – 『먹고 기도하고 사랑하라』 중에서

갈 길은 멀지만
나답게 삽시다

지극한 도는 어렵지 않음이요

오직 간택함을 꺼릴 뿐이니

다만 미워하고 사랑하지 않으면

통연히 명백하니라.

至道無難(지도무난) 唯嫌揀擇(유혐간택)

但莫憎愛(단막증애) 洞然明白(통연명백)

털끝만큼이라도 차이가 있으면

하늘과 땅처럼 벌어지나니

도가 앞에 나타나길 바라거든

따름과 거슬림을 두지 말라.

毫釐有差(호리유차) 天地懸隔(천지현격)

欲得現前(욕득현전) 莫存順逆(막존순역)

이상은 중국 선종의 3대 조사인 승찬(僧璨, ?~606) 스님이 지은 「신심명(信心銘)」의 일부분이다. 「신심명」을 읽다 보면 걸림 없는 삶을 영위하는 보살의 모습이 이런 것이 아닐까 싶을 정도로 후련함을 느낀다.

　『반야심경』에서 말하는 보살의 삶은 반야바라밀다를 의지해야만 이루어진다. 보살이 누구인가? 알다시피 '보살(菩薩)'이란 깨달음이라는 단어와 중생을 의미하는 단어가 만난 합성어 '보리살타(菩提薩埵)'의 준말이다. 깨달음을 구하면서도 중생을 제도하는 일에 적극적으로 나서는 사람들이다. 즉 '깨달음'이라는 이상을 추구하면서도 매 순간 지혜롭게 중생을 이끌어주는 사람들이 바로 '보살'이다.

　보살은 대승불교가 추구하는 이상형이며, 실제 대승불교를 대표하는 실천적 주체들이다. 그래서 절에 오는 여성 신도들에게 이렇게 지혜롭고 자비로운 삶을 살라는 바람을 담아 '보살님'이라고 부른다.

　예로부터 불교를 구분 지어 말하기를, 단순히 자신의 깨달음만을 추구하면 소승불교(小乘佛敎)라고 했다. 그리고 부처님이 알려주신 깨달음의 지혜를 바탕으로 중생의 삶에 적극적으로 개입하여 그들을 구해 낸다면, 대승불교(大乘佛敎)를 믿고 따르는 사람이라고 했다. 보살인가 아닌가의 차이는 결국 지혜와 자비가 동시에 삶에 구현되는지 여부에 따라 달라진다.

우리는 흔히 욕심이 많으면 탐욕스러운 사람이라고 말하지만, 이 욕심을 잘 다스리면 성공한 사람이 된다. 그렇게 대승의 보살은 욕망과 탐욕을 잘 다스릴 뿐만 아니라, 이를 적극 활용하여 세상에서 삶의 자세를 정립하고 자유롭게 만들어가는 사람들이다. 진흙 속에서도 초연하게 한 송이 연꽃이 피어나듯 반야(지혜)와 바라밀(실천)이 만나 생명의 꽃을 피우는 것이다. 그러므로 보살은 반야바라밀을 의지하여 살아가기에 마음에 걸림이 없다. 지혜를 바탕으로 한 실천행을 누구보다 잘 알기에, 현실에서도 걸림 없이 살 줄 안다. 걸림이 없으므로 두려움 또한 없다.

『유마경(維摩經)』이라는 멋진 경전에 걸림 없는 한 거사가 나온다. 이름하여 유마(維摩, 유마힐維摩詰) 거사이다. 유마 거사가 병이 들어 앓아 누워 있으면서 부처님을 생각하자, 이를 아신 부처님이 제자들을 억지로 보내 병문안하게 하셨다. 억지로 보냈다고 말한 이유는 십대 제자 모두가 유마 거사의 경지를 더 높게 평가해서 병문안 가기를 꺼렸기 때문이다.

예를 들어 두타제일 가섭 존자는 항상 어려운 사람들에게 복 지을 기회를 주고자 가난한 집만 찾아가서 탁발했는데, 이를 안 유마 거사가 다음과 같이 지적했다.

"대가섭이여, 자비심은 있으나 넓지를 못해서 부잣집을 버리고 가난한 집에 가서 걸식하는 건가요? 가섭이여, 평등한 법에 머물러서 차례대로 걸식해야 합니다. 먹으나 먹지 아니함이 되기 때문에 걸식하는 것입니다. (…중략…)

사물을 볼 때는 눈먼 사람과 같이 하고, 듣는 소리는 메아리 같이 여깁니다. 맡은 향기는 바람과 같이 여기고, 먹는 음식의 맛은 분별하지 않아야 합니다. 모든 감촉을 받아들이지만 지혜로 아는 것과 같이하고, 모든 법을 알지만 환상과 같이 여겨야 합니다. 스스로 성품도 없으며 다른 이의 성품도 없으니, 본래는 저절로 그러한 것이 아니지만, 지금 곧 없어진 것 또한 없습니다. (…중략…)

한 그릇의 밥으로 모든 사람에게 베풀며 여러 부처님과 여러 성현에게 공양한 뒤에 먹어야 합니다. 이처럼 먹는 사람은 번뇌가 없고, 번뇌를 떠난 것도 아니며, 선정에 들어감도 아니고, 선정에서 일어남도 아니며, 세간에 머무는 것도 아니고, 열반에 머무는 것도 아닙니다.

음식을 베푸는 사람은 큰 복도 없고 작은 복도 없으며, 이익도 되지 않고 손해도 되지 않으니, 이것이 불도에 들어감이요, 성문을 의지하지 않는 것입니다. 가섭이여, 만약 이처럼 먹을 수만 있다면, 남이 베푼 음식을 헛되지 않게 먹는 것입니다."

－『유마경』「제자품」중에서

『유마경』을 읽다 보면 감탄사를 연발하게 된다. 여기 이 대목만 해도 그렇다. 감히 가섭 존자에게 이런 말을 하다니 정말 대단하다. 이와 유사한 형태로 세속인에 불과한 유마 거사에게 수모를 당하는 십대제자 이야기가『유마경』「제자품」에 줄줄이 나온다.

유마 거사의 이야기를 꺼낸 이유는 그의 말에는 거침이 없기 때문이다. 한마디로 걸림이 없다. 완전한 깨달음에 대한 바른 안목을 갖추었기에 원융하고 걸림 없는 삶을 사는 유마 거사다. 그렇기에 십대제자를 대하면서도 조심할 것도 두려울 것도 없는 것이다.

유마 거사의 그 유명한 '불이법문(不二法門)'도 한번 보자.『유마경』「입불이법문품」에 보면 여러 보살이 문수보살에게 묻는다. "어떤 것이 보살의 불이법문(不二法門)에 들어가는 것입니까?" 문수보살이 답하기를, "제 생각에는 일체 법에 대해서 말이 없고, 설명도 없으며 보여주는 일도 없고 알음알이도 없고, 모든 질문과 대답을 떠나는 것이 불이법문에 들어가는 것입니다."라고 하였다. 이렇게 대답한 문수보살은 똑같은 질문을 유마 거사에게 했다. 그런데 문수보살의 질문을 받고 유마 거사는 침묵으로 답을 했다. 문수보살이 감탄하며 말한다. "훌륭하고 참으로 훌륭합니다. 문자와 언어의 설명도 전혀 없는 이것이야말로 진실로 불이법문에 들어가는 것입니다." 이와 같이 설할 때, 이곳에 모인 대중이 모두 생멸(生滅)이 없는 지혜를 얻었다고 한다. 그야말로 통쾌한 법문이 아닐 수 없다.

일찍이 임제(臨濟, ?~867) 선사도 말씀하셨다. "오늘날 부처님 법을 배우는 이들은 반드시 바른 안목을 갖추어야 한다. 만일 바른 안목을 얻으면 삶과 죽음에 물들지 않고, 가고 머무름에 자유로워서 뛰어남을 구하려 하지 않아도 뛰어남이 저절로 성취된다." 그런 의미에서 보면 유마 거사는 이미 가장 바른 안목을 얻은 분이다.

중생들이 사는 세계에서 우리는 수많은 차별 속에 산다. 스스로 비교하고, 더러는 남들로부터 비교도 당하고, 그리하여 갈등을 빚고, 괴로움을 한없이 만들어낸다. 그러나 자연을 보면, 나무도 바위도 각각의 형태는 다르지만, 그렇다고 해서 잘났다 못났다 차별하지 않는다. 우리도 마찬가지다. 만물이 평등하듯, 인간도 평등하다. 삶이 공한 줄 알면 걸림 없는 자유를 누릴 수 있다. 그런 지혜로부터 파생된 자유는 어떤 것에 대해서도 두려움이 없기 때문이다.

3

다 놓아버려라

遠離顚倒夢想 究竟涅槃
원 리 전 도 몽 상 구 경 열 반

뒤바뀐 헛된 생각을 멀리 떠나 완전한 열반에 들어가며,

누가 생각이 없으며 누가 생멸이 없는가.
만약 진실로 생멸이 없으면 불생멸도 없다.
나무로 만든 사람을 불러서 물어보라.
부처가 되기 위해서 공덕을 베푼다면
언제 이루어질 것인가.

- 「증도가」

다
놓아버려라

한 수행자가 조주 스님을 찾아가 묻는다.

"한 물건도 가져오지 않았는데, 어떻게 해야 합니까?"

조주 스님 왈, "놓아버려라(放下着)."

한 물건도 가지고 오지 않았다고 말은 하지만, 큰스님 눈에는 질문자의 머릿속에 번뇌 망상이 들끓는 게 보였다. 그 말씀을 듣고 다시 수행자가 묻는다.

"아니, 한 물건도 가져오지 않았는데, 어떻게 내려놓으라고 하십니까?"

그랬더니 조주 스님 왈,

"내려놓기 싫거든 그냥 짊어지고 가거라."

큰스님 눈에는 보이는 무거운 망상 덩어리가 질문자 스스로에겐 느껴지지 않는다. 자신이 어떤 짐을 내려놓아야 할지 모르는 것이다. 우리는 각자의 업대로 번뇌 망상에 휩싸여 살아간다.

〈라쇼몽(羅生門)〉이라는 일본 영화가 있다. 구로사와 아키라(黑澤明, 1910~1998)라는 감독이 유명하여 영화를 안 본 사람이라 해도 감독과 영화를 아는 이들이 많은 편이다. 교토의 허물어져 가는 2층 목조 건물에서 유학하던 나는 비가 내리는 어느 날, 이 영화를 대여해서 봤다.(당시는 비디오테이프를 가게에서 빌려서 봐야만 했다.)

영화는 교토의 라쇼몽에서 비를 피하는 나무꾼과 스님에게서 시작된다. 스토리는 이러하다. 한 남자가 들어오더니 숲에서 벌어진 살인사건에 대한 이야기를 꺼낸다. 사흘 전, 숲속에서 한 사무라이의 아내가 남편 앞에서 산적에게 겁탈당하고, 사무라이는 죽임을 당하는 사건이 일어났다. 그런데 사건이 오리무중으로 흘러간다.

사무라이 스스로 목숨을 끊은 것인지, 살해당한 것인지 알 수도 없고, 누가 죽였는지도 모른다. 사건이 벌어지기 전에 부부가 함께 있는 것을 보았다는 스님 이야기, 살인죄로 잡혀온 산적 이야기, 무당의 입을 빌린 사무라이 귀신 이야기 등등. 모두가 각자 하는 말이 다르다. 똑같은 사건 하나를 두고 각자 바라보는 시선도, 전하는 말이 다르다. 과연 진실은 무엇일까?

나는 처음엔 이 영화가 이해가 안 갔다. 도대체 뭐라는 거냐며 자막이 올라가는 것을 본 기억이 난다. 그것도 두 번이나 봤다. 그런데 이제 와 생각해 보니 『반야심경』에서 설파하는 '전도몽상(顚倒夢想)'을 멀리하라는 것이 바로 이것이구나 싶다.

우리는 각자 자기가 보고 싶은 대로만 본다. 어떤 사물이건 상황이건 말이건 간에, 받아들이는 각자의 시선으로 모든 것을 받아들이고 처리한다는 것! 이것이 바로 '전도몽상' 아니겠는가?

사전적 의미를 찾아보면, 전도(顚倒)는 모든 사물을 바르게 보지 못하고 거꾸로 보는 것을 말한다. 몽상(夢想)은 헛된 꿈을 꾸고 있으면서도 그것이 꿈인 줄 모르고 현실로 착각하는 것이다. 무명 번뇌에 사로잡힌 중생들이 갖는 잘못된 견해를 '전도몽상'이라고 부른다.

구체적으로 세 가지를 말할 수 있는데, 첫 번째 전도몽상은 눈앞의 모든 현상이 무상한 것인데도 영원할 것으로 착각하는 것이다. 예를 들어 자신이 가진 권세나 재물, 사랑하는 이들이 떠날 텐데도 영원히 함께할 것처럼 착각하여 거기에 집착하는 것이다.

두 번째 전도몽상은 우리가 살아가는 인생이 다 괴로움인데도 괴로움인 줄 모르고 즐거움을 찾아 행복이라고 착각하는 것을 말한다. 인간의 일생을 생각해 보면 괴로운 것들로 이루어진 것인데도, 우물 속 위험한 상황에서도 꿀맛에 취해 자신이 죽어가는 줄도 모르는 안수정등(岸樹井藤)의 비유처럼, 괴로움을 즐거움이라고 착각하는 것을 말한다.

그리고 세 번째는 나라고 하는 것이 오온의 일시적 집합체일 뿐인데도 영원할 것으로 착각하는 것을 말한다. 오온은 순간순간 상황에 따라 업(業)을 만들어낸다. 그야말로 잠시 결합했다가 인연에 의해 사라지는 조합일 뿐이다. 그런데도 우리는 거기 집착하는 것이다. 이 모든 것이 전도몽상이다.

한편, 용수(龍樹) 보살은 『대지도론(大智度論)』에서 이렇게 뒤바뀐 허망한 생각을 크게 '네 가지 전도[四顚倒]'로 설명한다.

> 깨끗하지 않은 것[不淨] 가운데서 깨끗하다[淨]는 전도가 있고,
> 괴로운 것[苦] 가운데서 즐겁다[樂]는 전도가 있으며,
> 무상(無常)한 것 가운데서 항상 하다[常]고 하는 전도가 있고,
> '나'라는 것이 없는 것[無我] 가운데서 '나'라는 것이 있다[我]는
> 전도가 있다.

용수 보살은 이 네 가지 뒤바뀜으로 인해 중생들이 세상의 참모습을 제대로 보지 못한다고 했다. 자신이 잘못 본 것은 생각 못하고 마치 진실이라고 착각하여 그것에 집착하기 때문에 괴로움이나 두려움

이 생긴다는 것이다. 다시 말해, 더러운 것 가운데서 깨끗함을 생각하고, 깨끗한 것을 가지고 더럽다고 생각하기도 한다는 말이다.

사람 사이의 사랑이 대표적이다. 아름다운 여인을 보고 집착한다거나, 잘생긴 남자를 보고 사랑에 빠져 좋았다가도 한순간 무너지게 되면 순식간에 괴로움의 나락으로 떨어지게 된다. 몸도 마음도 무상한 것이기에 집착할 것이 없는데, 마치 실제 존재한다고 생각하여 괴로움에 걸려드는 것이다.

뒤바뀐 헛된 생각을 멀리 떠나
완전한 열반에 들어가며
遠離顚倒夢想 (원리전도몽상)
究竟涅槃 (구경열반)

『반야심경』에서는 이렇게 전도몽상하는 중생의 습성을 멀리하라고 말한다. 공(空)의 세계에서 보면, 깨끗하다거나 더럽다는 생각, 괴롭고 즐겁다는 생각, 영원하다거나 끊어진다는 생각, 내가 있다 없다하는 생각은 모두 전도몽상일 뿐이다. 우리의 삶은 결코 고정된 것들이 아닌 임시적인 것들이다. 모든 존재의 모습이 눈앞에 있기는 하나, 그것은 단지 변화의 과정에서 중첩된 것이다. 그러니 정신 차리고 허망한 세상을 똑바로 보라는 것이다.

전도몽상을 멀리할 수 있는 지혜, 분별 망상을 여의고 나면 이제 열반이 코앞이다. 일체의 모든 현상에 대해 전도몽상을 일으키지 않으면 번뇌도 집착도 놓아버릴 수 있으니, 당연히 그다음 수순은 완전한 열반에 들어가는 것뿐이다. 그러니 따지고 보면, 삶을 왜곡시키지 않고 제대로 보는 연습, 전도몽상을 멀리하는 이 수행이야말로 열반을 향한 반야바라밀(般若波羅密)행이 된다.

4

우리도 부처님같이

三世諸佛 依般若波羅蜜多故
삼 세 제 불 의 반 야 바 라 밀 다 고
得阿耨多羅三藐三菩提
득 아 뇩 다 라 삼 막 삼 보 리

삼세의 모든 부처님도 반야바라밀다를 의지하므로
최상의 깨달음을 얻느니라.

우리도
부처님같이

이 책의 앞부분에서 『마하반야바라밀다심경』에서 의미하는 반야 지혜에 대해 간략히 짚어보았다. 통상 이야기하는 육바라밀의 여섯 번째에 해당하는 반야(지혜)바라밀도 살펴봤고, 공성의 이해를 바탕으로 한 반야 지혜를 얻어 깨달음의 언덕으로 가는 이야기도 전했다.

『반야심경』의 핵심을 딱 잘라 말하자면 '지혜'다. 어떤 지혜인가? 일체의 모든 현상계가 공하다는 사실을 올바로 직시하여, 전도몽상을 일으켜 집착하지 말라는 지혜의 가르침이다. 반야바라밀다는 공성을 지닌 일체 현상계에 대한 안목을 키운다. 존재를 바라보는 관점, 현상을 인식하는 태도를 말해 준다. 그것이 바로 '공성(空性)'이다. 이러한 공의 지혜를 통찰하면 자연히 내려놓는 수행이 함께하게 된다.

그것을 제대로 알려주기 위해 『반야심경』에서 처음엔 색을 중심으로 설했고, 그다음은 공으로, 나중에는 공의 이치조차 모두 버리고, 부처님의 가르침조차 없다고 말하며 스토리를 전개해 왔다. 책 집필을 시작한 이래 마지막 장을 남겨둔 지금에야 그 이유를 알 것 같다. 『반야심경』에서는 먼저 존재의 공성을 이해하기 위해 오온의 결합을 이야기한 것이다. 색즉시공(色卽是空)을 말하고, 수즉시공(受卽是空), 상즉시공(想卽是空), 행즉시공(行卽是空), 식즉시공(識卽是空)을 통찰함으로써 존재하는 모든 것의 몸과 마음 작용이 다 공함을 설파한다. 존재하는 모든 것은 자기 홀로 존재할 수 없으며, 늘 변화하는 성품을 가졌기 때문이다.

이렇게 존재의 공성을 오온의 결합을 통해 알려준 뒤, 인식의 공성에 대해 설하는 방식으로 나아간다. 인식의 공성에 대해서는 이분법적 사고에서 벗어나는 것뿐만 아니라, 부처님의 가르침조차도 분별을 가지고 대해선 안 된다는 것이다. 존재의 속성을 바라볼 때 알 수 있는 공성과, 현상을 바라볼 때 파악하는 인식의 공성, 나아가 공의 가르침조차도 '공'임을 알려주는 것이 『반야심경』이다.

이 지혜를 파악하는 계위대로 살다 보면, 저절로 저 언덕에 이르게 된다. 그리하여 공의 이치를 철저히 깨달아 알게 되면, 더 이상 얻을 것도, 가질 것도, 지혜도 남을 것도 없다.

보살은 반야바라밀다를 수행해서 저 피안의 언덕으로 건너간다.

반야바라밀다에 의지하는 이들은 마음에 걸리는 것이 하나도 없다. 마음에 걸리는 게 없으면 어떻게 될까? 모든 것이 자유로워진다. 마음도 자유롭고, 행위도 자유롭고, 걸림이 없으면 두려움까지도 사라진다. 삶에 대해 용감해진다. 불편한 것이 있어도 마음을 딱 바꾸는 순간, 그 두려움은 사라진다. 어떤 장애든 간에 해결 방법을 알고, 그것을 두려워하지만 않는다면 행함에도 거침이 없는 것과 마찬가지다.

중국 선불교에 3조 승찬 스님이란 분이 계셨다. 그러니까 초조 달마, 2조 혜가, 3조 승찬, 4조 도신, 5조 홍인, 6조 혜능, 이런 순서로 선불교가 이어지는데, 그 가운데 한 분이니 엄청 도가 높은 스님이다. 그런데 승찬 스님은 출가하기 전부터 나병을 앓았다고 한다. 그래서 늘 자신을 감추고 괴로워했다. 그러던 어느 날, 2조 혜가 스님이 대단한 분이라는 소문을 듣고 찾아가 묻는다. 자신은 지은 죄가 많아 이렇게 병이 깊은데, 어떻게 참회하면 병이 낫는지 그 방법을 물었다.

그의 이야기를 다 들은 혜가 스님이 말씀하시기를, "그대가 죄가 많아 그런 병을 앓고 있다고 하니, 그 죄를 가져오면 내가 참회시켜 주겠다."고 했다. 스승의 말을 들은 승찬 스님은 아무리 찾아도 죄를 보여드릴 것이 없었다. 어떻게 해야 할지 몰라 아무리 찾아도 죄가 없다고 말씀드리자, 혜가 스님 왈, "그렇다면 너의 죄는 모두 참회되었다."고 통쾌하게 해결해 주었다. 죄의 성품이 본래 공한 것임을 승찬 스님에게 이렇게 알려준 것이다.

이에 승찬 스님이 멋지게 화답한다. "오늘에야 비로소 죄의 성품은 마음에도 없고, 마음 안에도 없고, 마음 밖에도 없고, 또 중간에도 없다는 것을 알았습니다." 통쾌함과 짜릿함이 내게도 전해진다.

역대 조사스님들도 이렇게 공성의 지혜, 반야 지혜에 의지하여 최상의 깨달음을 얻었다. 석가모니 부처님도 그 이전의 부처님들도 모두 인연법(공성空性)이라는 반야 지혜에 의지하여 깨달음을 얻으셨다. 불교의 가르침은 석가모니 부처님이 만들어낸 것이 아니다. 그 누군가가 조작해서 만들어낸 것도 아니다. 그저 있는 그대로의 사실을 부처님은 알아차렸고, 그 내용을 중생들에게 친절하게 전해 주신 것뿐이다.

모든 것은 나의 육근과 대상이 만나 나에게서 무언가 만들어진다. 모든 것이 다 공하다는 것을 내가 인지하고 있으면, 우리는 더 이상 걸릴 게 없어진다. 본래 아무런 관계가 없었음을 알기 때문에, 모든 것에 걸림 없는 자유를 얻게 된다. 성품이 공한 줄 깨달으면, 그 어떤 것에도 방해받지 않는다는 이야기다. 마치 저 조사스님들이나 부처님이 그러셨던 것처럼!

5

깨달음의 노래

故知 般若波羅蜜多 是大神呪
고 지 반야바라밀다 시 대 신 주

是大明呪 是無上呪 是無等等呪
시 대 명 주 시 무 상 주 시 무 등 등 주

能除一切苦 眞實不虛
능 제 일 체 고 진 실 불 허

故說般若波羅蜜多呪 卽說呪曰
고 설 반야바라밀다 주 즉 설 주 왈

揭諦揭諦 婆羅揭諦 婆羅僧揭諦 菩提 娑婆訶
아 제 아 제 바 라 아 제 바 라 승 아 제 모 지 사 바 하

반야바라밀다는 가장 신비하고
밝은 주문이며 위없는 주문이며 무엇과도
견줄 수 없는 주문이니,
온갖 괴로움을 없애고 진실하여
허망하지 않음을 알지니라.
이제 반야바라밀다주를 말하리라.
아제아제 바라아제 바라승아제 모지 사바하

깨달음의
노래

반야바라밀다주는 우리가 생각하는 그 '아제아제 바라아제 바라승
아제 모지사바하'다. 이 안에, 앞에서 이야기한 『반야바라밀다심경』
의 내용이 다 담겨 있다고 한다. 쉽게 말하자면 피안의 세계로 가기
위해서는 반야바라밀다주만 암송해도 된다는 말이다. 그러나 모르
고 하는 것보다는 알고 하는 것이 낫다.

　이 주문은 앞에서 이야기한 『반야심경』의 모든 내용을 담고 있
는데, 그 어떠한 경전에서 이야기하는 것보다 신비하고 밝은 주문이
며, 더 이상 그 무엇과도 견줄 수 없는 주문이다. 그래서 『반야심경』
은 『금강반야바라밀경』처럼 그냥 경이 아니라, '심경(心經)'이라고
한다. 핵심적인 경전이라는 의미의 표현이다.

아제아제 바라아제 바라승아제 모지사바하

(揭諦揭諦 婆羅揭諦 婆羅僧揭諦 菩提 娑婆訶)

이 주문은 번역하는 이들마다 조금씩 다르지만, 나는 이렇게 해석하고자 한다.

"가는 이여, 가는 이여,
저 언덕으로 가는 이여,
저 언덕 높은 곳으로 가는 이여,
깨달음이여, 이루어질지어다."

'아제아제 바라아제 바라승아제 모지사바하'는 이런 의미다. 그러니까 반야바라밀다주 자체만 보면, 저 언덕으로 건너가기 위한 염원이다. 이 염원은 지금까지 공부한 "관자재보살"부터 시작해서, "반야바라밀다주를 말하리라"까지, 이 안에 들어 있는 모든 내용은 저 언덕, 열반의 세계로 가기 위해 수행자가 깨쳐야 할 것을 행한 후, 온전하게 건너가 깨달음을 얻게 된다는 것을 이야기하고 있다. 여기까지가 『반야심경』의 내용이다.

　우리에게는 '신세계 교향곡'이란 제목으로 더 잘 알려진 안토닌

드보르자크(Antonin Dvorak, 1841~1904)의 교향곡 9번 〈신세계로부터〉를 들을 때마다 묘하게도 『반야심경』과 겹치는 그림이 그려진다. 미국을 상징하는 '신세계'에서 자신의 조국 보헤미아를 그리워하는 노스탤지어를 희망의 종착역을 향해 달리는 기차로 표현하여 담았듯, 우리도 언젠가는 도달하여야 할 깨달음의 종착역, 저 언덕, 열반의 세계로 인도하는 지혜로운 기차가 바로 『반야심경』이기 때문이다.

또한 『반야심경』은 인생의 로드맵이 아닌가 싶다. 특히나 불교를 공부하는 이들에게는 더욱. 인생을 살아가면서 길을 잃고 헤맬 때 삶의 방향을 알려주고, 너무 괴로울 때 어떤 마음으로 살아가야 할지, 그것을 적확하게 알려주기 때문이다. 인생의 로드맵, 『반야심경』 공부가 우리 모두에게 의미 있고, 행복을 안겨주길 바란다.

봄에는 꽃이 피어서 좋고
가을엔 달이 밝아서 좋다.
여름엔 시원한 바람이 불어서 좋고
겨울엔 눈이 내려서 좋다.
무슨 일이든 마음에 담아두지 않고
한가롭게 지낸다면,
이것이 바로 호시절이라네.

– 『무문관』

이 세상 모든 것 덧없고 무상하여서
나는 불멸의 행복 찾아 수행하리.

아버지 살아계실 때 내 나이 어렸고
내가 어른 되니 그분 이미 세상에 없네.
우리 함께 있었다 해도
영원을 기약하지 못하리니
나는 불멸의 행복 찾아 수행하리.

어머니 살아계실 때 나는 집 떠나 없었고
내가 어른 되니 그분 이미 세상에 없네.
우리 함께 있었다 해도

영원을 기약하지 못하리니
나는 불멸의 행복 찾아 수행하리.
-『밀라레빠』

출가 수행자로 사는 것은 참 멋진 일입니다. 물론 힘든 삶이기도 하지요. 불교를 알게 된 것은 인생 최고의 행운이었습니다. 그래서 아무리 힘들어도 부처님의 가르침이 있기에 견딜 수 있다고 생각합니다.

얼마 전, 마더 테레사(Mother Teresa, 1910~1997) 수녀에 관한 글을 읽은 적이 있습니다. 전 생애에 걸쳐 헌신의 삶을 보여주었고, 그로 인해 세계 역사 속에서 별처럼 빛나는 수녀님이니, 제가 굳이 설명하지 않아도 다 아실 겁니다.

그 테레사 수녀에게 이런 에피소드가 있습니다.

유럽 변방의 마케도니아 출신으로 가난한 유년 시절을 보내야 했던 테레사 수녀는 어려서부터 수도자가 되고 싶어 했는데요, 집안 형편이 너무 어려워 수녀 서원을 6년이나 미루었다고 합니다. 그러다 18세에 수녀가 되어 고향을 떠나는 딸의 손을 잡고 그때 어머니께서 이렇게 부탁을 했다고 합니다.

"너의 손을 예수의 손에 얹고 예수만 따라가라."

어머니의 이 말씀이 테레사 수녀의 평생 좌우명이었다고 합니다.

이 글을 읽으며 저의 삶을 돌아보았습니다. '나는 과연 부처님의 가르침을 잘 따라서 살아왔는가? 혹시 내 일신의 안위만을 생각하며 살아온 것은 아닌가?' 하고요.

초보 불자들을 위해 쓴 『이제서야 이해되는 불교』에 이어 『이제서야 이해되는 반야심경』을 세상에 내놓습니다. 사실 『반야심경』에 대해 잘 알지도 못하면서 설명하느라 진땀을 뺐습니다. 그러나 나름대로는 '어떻게 하면 중학생도 쉽게 알아들을 수 있게 설명할까'를 고민하며 썼습니다. 그러다 보니 유식 쪽의 견해는 빼고, 오로지 공 사상에만 치우쳐 쓴 것 같아 아쉬움이 남습니다.

아무튼 저는 언제나 부처님의 진실한 법을 바르게 전하고 싶은 사람입니다. 실력은 좀 부족해도 불법을 왜곡하여 전달하지 않기 위해 항상 노력하고 있습니다. 그럼에도 불구하고, 혹여 여기 잘못된 설명이 있다면, 여러 불자께서 용서해 주시길 바랍니다. 부단히 정진하고, 부처님 손 위에 제 손을 얹고 쫄쫄 따라 살아갈 것을 다짐하며, 『반야심경』 원고를 마감합니다. 한 손은 부처님을 잡고, 한 손은 여러분께 내밉니다. 여러분, 우리 함께 공부합시다.

갑진년 봄 청룡암에서
원영 합장

아제아제
바라아제
바라승아제
모지사바하

가는 이여, 가는 이여,
저 언덕으로 가는 이여,
저 언덕 높은 곳으로 가는 이여,
깨달음이여, 이루어질지어다.

이제서야 이해되는
반야심경

단숨에 읽히고 즐겁게 깨치는
원영 스님의 반야심경
ⓒ 원영, 2024

2024년 5월 15일 초판 1쇄 발행
2025년 1월 7일 초판 6쇄 발행

지은이 원영
발행인 박상근(至弘) • 편집인 류지호 • 편집이사 양동민
책임편집 김소영 • 편집 김재호, 양민호, 최호승, 하다해, 정유리 • 디자인 쿠담디자인
제작 김명환 • 마케팅 김대현, 이선호, 류지수 • 관리 윤정안
콘텐츠국 유권준, 김대우, 김희준
펴낸 곳 불광출판사 (03169) 서울시 종로구 사직로10길 17 인왕빌딩 301호
        대표전화 02) 420-3200 편집부 02) 420-3300 팩시밀리 02) 420-3400
        출판등록 제300-2009-130호(1979. 10. 10.)

ISBN 979-11-93454-92-3 (03220)

값 18,000원

잘못된 책은 구입하신 서점에서 바꾸어 드립니다.
독자의 의견을 기다립니다. www.bulkwang.co.kr
불광출판사는 (주)불광미디어의 단행본 브랜드입니다.